+++ EXTRABLATT +++ EXTRABLATT +++ EXTRABLATT +++ EXTRABLATT +++ EXTRABLATT +++ EXTRABLATT +++

Unsere Kopiervorlagen: MEHR ALS NUR PAPPE!

STOPP – bitte noch nicht umblättern! Bevor Sie sich in Ihre Unterrichtsvorbereitung stürzen, nehmen Sie sich zwei Minuten Zeit und lesen eine kurze Einführung in die Welt der Papphefter vom Verlag an der Ruhr. Denn nur so haben Sie immer alle Vorteile im Blick:

... man findet sie in jedem Regal – ob zu Hause oder im Lehrerzimmer
... sie sind immer schnell zur Hand
... sie liefern jederzeit Ideen, kompakt, aber vielfältig
... sie passen in jede Lehrertasche
... sie sparen Zeit und schonen die Nerven
... sie sind beliebig zu ergänzen und zu sortieren
... sie schonen die Umwelt
... sie sind kreativ, innovativ und absolut praxisnah!

Bitte beachten: Bücher mit aufgetrenntem oder beschädigtem Siegel gelten als gebraucht und können nicht mehr zrückgegeben werden.
Servicetelefon: 030/89785-235
Bücher dürfen nur von ihrem Erstbesitzer für‎‎'en eigenen Unterrichtsgebrauch in Klassensatzstärke kopiert weren. Siehe auch Impressum.

Verlag an der Ruhr

Ab jetzt mit neuem Verschluss

Ab sofort können Sie Ihre Kopiervorlagen spielend leicht aus dem Papphefter herausnehmen. Dank der raffinierten Konstruktion lässt sich jede Seite schnell entnehmen, ohne weitere Blätter lösen zu müssen.

1. LOSMACHEN
2. BLÄTTERN 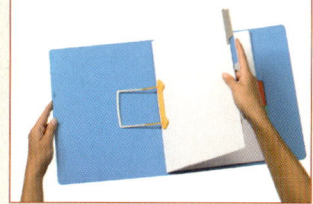 
3. ÖFFNEN 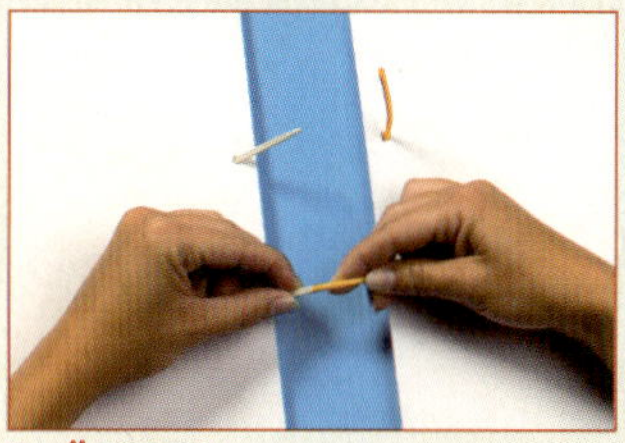
4. HERAUSNEHMEN 
5. EINFÜGEN 
6. SCHLIESSEN 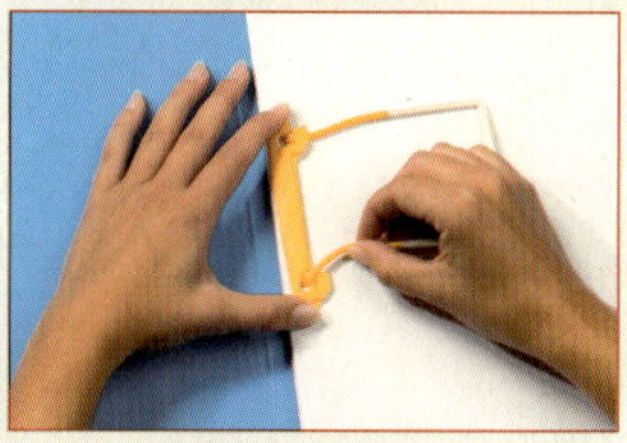

D1697152

WUSSTEN SIE SCHON ...

... dass statistisch betrachtet jeder 2. Lehrer mind. einen Papphefter besitzt?
... dass sich derzeit ca. 1.750.000 Papphefter im Umlauf befinden und dass man, wenn man alle Papphefter hintereinander legt, zweimal das Ruhrgebiet umkreisen könnte?
... dass unsere Papphefter seit 25 Jahren treue Begleiter des Schulalltags sind – und dabei immer wieder mit neuen Ideen überraschen?
... dass die durchschnittliche Haltbarkeit eines Papphefters 10 Jahre beträgt?
... dass sich unsere Pappen auch hervorragend als Sitzunterlage beim Grillen, als Tablett oder Untersetzer, Sonnenschutz oder Fächer beim Schulfest sowie als Sichtschutz bei Klassenarbeiten eignen?

KOPIERSCHUTZ

Mit diesem Papphefter erwerben Sie das Recht, die Kopiervorlagen aus dem Inhalt für Ihren eigenen Unterrichtsgebrauch in Klassensatzstärke zu vervielfältigen. Dies schließt die Weitergabe innerhalb des Kollegiums nicht mit ein. Wenn Sie von diesem Papphefter überzeugt sind, freuen wir uns, dass Sie Ihren Kollegen gegenüber eine Empfehlung aussprechen. Bitte geben Sie die Unterlagen nicht zum Kopieren weiter. Schützen Sie das Urheberrecht. Dies ermöglicht uns auch weiterhin, gute Materialien für Sie zu erstellen. Bitte beachten Sie dazu auch unsere Angaben im Impressum oder informieren Sie sich auf **www.schulbuchkopie.de**

Sabine Falter

Kirchenfeste
rund um
Weihnachten

Stationen von Erntedank bis Aschermittwoch

Verlag an der Ruhr

Impressum

Titel
Kirchenfeste rund um Weihnachten
Stationen von Erntedank bis Aschermittwoch

Autorin
Sabine Falter

Illustrationen
Michael Schulz u. a.

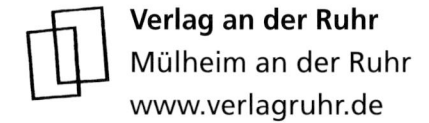

Verlag an der Ruhr
Mülheim an der Ruhr
www.verlagruhr.de

Geeignet für die Klassen 5–7

Unser Beitrag zum Umweltschutz
Wir sind seit 2008 ein ÖKOPROFIT®-Betrieb und setzen uns damit aktiv für den Umweltschutz ein. Das ÖKOPROFIT®-Projekt unterstützt Betriebe dabei, die Umwelt durch nachhaltiges Wirtschaften zu entlasten.
Unsere Produkte sind grundsätzlich auf chlorfrei gebleichtes und nach Umweltschutzstandards zertifiziertes Papier gedruckt.

Ihr Beitrag zum Schutz des Urhebers
Das Werk und seine Teile sind urheberrechtlich geschützt. Jede Verwendung in anderen als den gesetzlich zugelassenen Fällen bedarf der vorherigen schriftlichen Einwilligung des Verlages. Im Werk vorhandene Kopiervorlagen dürfen für den eigenen Gebrauch in der jeweils benötigten Anzahl vervielfältigt werden.
Die dazu notwendigen Informationen (Buchtitel, Verlag und Autor) haben wir für Sie als Service bereits mit eingedruckt. Diese Angaben dürfen weder verändert noch entfernt werden. Bitte beachten Sie die Informationen unter schulbuchkopie.de.
Der Verlag untersagt ausdrücklich das digitale Speichern und Zurverfügungstellen dieses Buches oder einzelner Teile davon im Intranet (das gilt auch für Intranets von Schulen und Kindertagesstätten), per E-Mail, Internet oder sonstigen elektronischen Medien. Kein Verleih. Zuwiderhandlungen werden zivil- und strafrechtlich verfolgt.

© Verlag an der Ruhr 2010
ISBN 978-3-8346-0752-2

Printed in Germany

Inhaltsverzeichnis 1/2

Vorwort 5

Laufzettel zum Lernen an Stationen 7

Aufgabenübersichten 8

Materialpool 24

Einstieg
Kirchenfeste rund um Weihnachten –
Stationen von Erntedank bis Aschermittwoch M1 24

Erntedank – auch eine Art, „danke" zu sagen
Feld- und Gartenfrüchte für den Altar M2 25
Warum sollen wir danken? M3 26
Thanksgiving Day – auch eine Art, „danke" zu sagen M4 27

Ein Tag – zwei Feste: Reformationstag und Halloween
Reformationstag M5 28
Luthers Forderungen zur Veränderung der Kirche M6 29
Woher kommt Halloween? M7 30
Die Sage von Jack O'Lantern M8 31

Vier Tage für die Toten: Allerheiligen, Allerseelen, Totensonntag und Volkstrauertag
Allerheiligen – mein Vorbild M9 32
Allerheiligen – Gedenktag für die Heiligen der katholischen Kirche M10 33
Allerheiligen – Heilige als Namenspatrone M11 35
Allerseelen – Gedenktag für die Verstorbenen M12 36
Allerseelen – Seelen mal anders M13 37
Totensonntag – Gedenktag für die Verstorbenen M14 38
Volkstrauertag – Gedenktag für die Opfer von Krieg und Gewaltherrschaft M15 39

Buß- und Bettag – vom Nachdenken und Umkehren
Büßen heißt „Umkehren" M16 40
Buß- und Bettag – ein Tag zum Nachdenken M17 41
Geschichte des Gedenktages M18 42

Sankt Martin – vom Teilen
Vom Teilen M19 43
Das Teilen des Mantels M20 44
Andere Legenden aus Martins Leben M21 45
Eine Kirche braucht ein Kirchenfenster M22 46

Advent – der Weg zum Licht
Advent – das ist typisch! M23 47
Advent – was ist das? M24 48

Nikolaus – Geschenke für die Kinder
Nikolaus – ein Bischof aus der Türkei M25 49
Nikolaus und Knecht Ruprecht – auch ein Heiliger hat Helfer M26 50
Nikolaus und sein besonderes Buch M27 51

Inhaltsverzeichnis 2/2

Heiligabend – die Geburt Jesu Christi
Der Heilige Abend – ein besonderer Geburtstag M28 52
Der Heilige Abend – und ein besonderer Mann M29 53
Das Märchen vom Auszug aller „Ausländer" M30 54
Geschenke – Geschenke! M31 56
Eine Umfrage zu Heiligabend M32 57

Die Weihnachtstage – Zeit der Freude
Die Weihnachtstage – Jeder feiert anders! M33 58
Die Weihnachtstage – und ihre Bedeutung heute, in 10, 20 oder 30 Jahren M34 59

Silvester und Neujahr – Ende und Anfang
Glück und Segen im Neuen Jahr M35 60
Der 31.12. – ein Gedenktag für wen? M36 61
Gute Vorsätze für das Neue Jahr M37 62
Meine Lebensuhr M38 63

Heilige Drei Könige – die Weisen aus dem Morgenland
Wie die Heiligen Drei Könige nach Köln kamen M39 64
Die Entwicklung der Legende M40 65
Eine Bildergeschichte erstellen M41 66
Geheimnisvolle Zeichen M42 67

Aschermittwoch – der Beginn der Fastenzeit
Das Aschekreuz M43 68
Sieben Wochen ohne M44 69
Was heißt „fasten"? M45 70

Gemeinsame Festmotive in aller Welt
Gemeinsame Festmotive in aller Welt M46 72

Die Lichterfeste in der Welt M47 73
Judentum: Chanukka M48 74
Hinduismus: Divali M49 75
Christentum: das Lucia-Fest in Skandinavien M50 76
Buddhismus: Loi Krathong in Thailand M51 77

Die Neujahrsfeste in der Welt M52 78
Das chinesische Neujahrsfest M53 79
Das japanische Neujahr M54 80
Judentum: Rosch-ha-Schana M55 81
Das iranische Neujahrsfest M56 82

Lernzielkontrollen
Die Feste und Gedenktage des Weihnachtskreises M57 83
„Der große Preis" der Feste und Gedenktage des Weihnachtskreises M58 84

Lösungen 87
Literatur- und Internettipps 96
Bildnachweise 97

Vorwort

Geburtstage, Weihnachten oder Karnevalsfeiern – **den Schülern* sind heute viele Feste gegenwärtig. Oft vergessen sie dabei, dass auch das Kirchenjahr durch Feste eingeteilt ist** – Feste, die zum Teil Freude verbreiten, zum Teil aber auch zur Besinnung aufrufen.
Die Schüler begehen diese Feste oft, ohne ihre religiöse Bedeutung, ihren historischen Hintergrund und damit verbundene Brauchtümer zu kennen. Sie finden es schön, dass sie an Weihnachten beschenkt werden, Silvester Raketen in die Luft jagen oder an Halloween eine Geisterparty feiern können. Dagegen mögen sie es gar nicht, dass sie an Allerheiligen mit den Eltern die Gräber der Großeltern besuchen müssen.
Die Bedeutung der kirchlichen oder nichtkirchlichen Festtage ist für die Schüler häufig verloren gegangen. Manchmal haben sie zwar noch vage Vorstellungen, aber oft ernten die Lehrer Schulterzucken, wenn sie z.B. nach der Bedeutung des Erntedanktages, des Buß- und Bettages oder nach Allerseelen fragen.
Da diese Feste aber in allen Lehrplänen der verschiedenen Schulformen und in allen Bundesländern in unterschiedlichen Zusammenhängen besprochen werden sollen, finden Sie in diesem Band die Feste des erweiterten Weihnachtskreises so zusammengestellt, dass Sie sie im Unterricht ganz einfach mit Ihren Schülern behandeln können. Mit diesen Materialien, die als **Lernen an Stationen** konzipiert sind, können die Schüler Ursprung, Ablauf, Traditionen oder die religiöse/kirchliche Bedeutung der Feste und Gedenktage **selbstständig erarbeiten** – und das **ganz ohne zusätzliche Vorbereitung für Sie!**

Dazu wird das christliche Kirchenjahr neu aufgeteilt. Die Einteilung entspricht nicht der klassischen Gliederung in drei Kreise, sondern wird nur in zwei (dafür erweiterte) Kreise eingeteilt: in den Weihnachtskreis und den Osterkreis. Der vorliegende Band befasst sich mit dem **erweiterten Weihnachtskreis**, der den Schwerpunkt auf die Feste und Gedenktage der dunklen Jahreszeit legt und somit **vom Erntedankfest bis zum Aschermittwoch** reicht. Dabei wird ein Schwerpunkt der Materialien auf der **Advents- und Weihnachtszeit** liegen. Zusätzlich finden Sie einen kurzen **Ausblick auf motivgleiche Feste in anderen Religionen und Regionen der Welt.** So ist ein **Vergleich** möglich.

Wie ist dieser Band aufgebaut, und wie arbeite ich mit ihm?

Die Arbeitsblätter dieses Bandes sind sowohl für den katholischen als auch evangelischen Religionsunterricht geeignet und so konzipiert, dass sie **selbsterklärend zum Lernen an Stationen** eingesetzt werden können und die Schüler die einzelnen Feste und Gedenktage mit **verschiedenen Methoden und Aufgabenformen abwechslungsreich und selbstständig** bearbeiten können. Sie brauchen also keine weiteren Inhalte mit den Schülern (z.B. im Unterrichtsgespräch) zu erarbeiten. So entfällt für Sie die Vorbereitungszeit fast gänzlich. Kopieren Sie einfach die Arbeitsblätter aus dem Materialpool, und besorgen Sie das benötigte Material (in der Regel ist dies sehr einfach und schnell zu beschaffen).
Sie finden Aufgaben, die als **Pflichtaufgaben** helfen, das Fest zu verstehen, und die eine erste Orientierung bieten. Diese Aufgaben sind durch das folgende Logo gekennzeichnet:

---

* Aus Gründen der besseren Lesbarkeit haben wir in diesem Buch durchgehend die männliche Form verwendet. Natürlich sind damit auch immer Frauen und Mädchen gemeint, also Lehrerinnen, Schülerinnen etc.

Kirchenfeste rund um Weihnachten

Vorwort

Darüber hinaus gibt es **Wahlaufgaben in zwei Schwierigkeitsstufen:** Mit Aufgaben der **ersten Stufe** wird Wichtiges oder Interessantes rund um das behandelte Fest ergänzt, die Aufgaben der **zweiten Stufe** sind etwas kniffliger und bieten mehr Hintergrundinformationen zum jeweiligen Fest an. Außerdem werden Einzelaspekte noch einmal aus anderen Blickwinkeln betrachtet, oder die Schüler werden dazu angehalten, sich mit kontroversen Themen und Fragestellungen zu befassen und eine kritische Sicht auf die Dinge zu werfen. Durch diese **Differenzierung** können Sie, je nach Leistungsstand der Lerngruppe, selbst entscheiden, wie tief Sie Ihre Schüler in die einzelnen Themen eintauchen lassen. Darüber hinaus wird in diesen Materialien großer Wert auf **methodisch vielfältige Aufgabenformen** gelegt, **die sich** insbesondere **durch eine kreative sowie handlungsorientierte Herangehensweise auszeichnen**.
Die Einteilung der Aufgaben in die Kategorien Bibel/Heiligenlegenden/historische Quellen, handlungsorientierte Aufgaben, Schreibaufgaben, künstlerische Aufgaben und sonstige Aufgaben ermöglicht Ihnen einen schnellen Überblick. Im ersten Teil des vorliegenden Bandes finden Sie dazu zu jedem Fest eine **Aufgabenübersicht**. Hier wird auf das jeweils benötigte Arbeitsblatt sowie auf zusätzliche Materialien, die bei einigen Aufgaben eventuell erforderlich sind, verwiesen.
Der zweite Teil ist der **Materialpool**, der die für das Stationenlernen erforderlichen Arbeitsblätter enthält.
Zuletzt finden Sie eine kleine Lernzielkontrolle sowie **Lösungen** zu den einzelnen Arbeitsblättern und eine **Literatur- und Linkliste**.

In der ersten Unterrichtsstunde informieren Sie die Schüler nun über das Thema, zu dem sie einen Stationenlauf durchführen sollen. Außerdem erklären Sie ihnen (falls erforderlich) die Methode. Nennen Sie in jedem Fall die Hauptthemenbereiche, zu denen die Schüler Arbeitsaufträge erhalten werden, und bearbeiten Sie das Einstiegsblatt mit ihnen gemeinsam. Dann legen Sie Themenkarten mit kurzen Benennungen der Stationen aus. Die Schüler überlegen nun selbst, welche Themenkarte sie am meisten anspricht und mit welcher sie beginnen möchten. Diesen eigenen Einstieg wählen sie frei aus und erhalten das dazugehörende Material sowie den Laufzettel zum Stationenlauf. Anschließend bearbeiten die Schüler selbstständig die gewählten Aufgaben.

Noch ein kleiner Hinweis: Sie als Lehrkraft können selbst entscheiden, ob Ihre Schüler den gesamten Stationenlauf bearbeiten sollen oder nur einen kleinen Teil der Feste zu einem bestimmten Thema (z.B. Advents- und Weihnachtszeit). Ebenso ist es möglich, dass Sie mit den Schülern nur ein einziges Fest besprechen (z.B. wenn es gerade gefeiert wird).
Je nachdem, für welche Variante Sie sich entscheiden, bieten sich unterschiedliche Bewertungsmöglichkeiten an. Bearbeiten die Schüler (fast) den gesamten Stationenlauf, ist eine selbstgestaltete Mappe, in der alle Arbeitsergebnisse dokumentiert werden, eine gute Bewertungsmöglichkeit. Sie hat den Vorteil, dass die Schüler später ihre Arbeitsergebnisse schön aufbereitet und gut abgeheftet aufbewahren können. Am Ende der Mappe haben wir für Sie außerdem einige vorgefertigte Seiten zur Lernzielkontrolle gestaltet, die Sie ebenfalls verwenden könnten.
Bearbeiten Ihre Schüler nur wenige oder vielleicht auch nur ein Fest, so ist es am sinnvollsten, wenn Sie die Arbeitsblätter einsammeln und die Arbeitsergebnisse der Schüler durchsehen und benoten.

Wir wünschen Ihnen und Ihren Schülern viel Freude mit dem Material.

Laufzettel

zum Lernen an Stationen zu den Kirchenfesten rund um Weihnachten von:

_____

Station	angefangen am	erledigt am	Unterschrift des Lehrers

Einstieg

Aufgaben-typ	Bibel/Heiligenlegenden/ historische Quellen	Handlungsorientierte Aufgaben	Schreibaufgaben	Künstlerische Aufgaben	Sonstige Aufgaben
				a) Schneide alle Bilder aus, die zu einem Fest gehören, das zwischen Erntedank und Aschermittwoch liegt. Klebe sie anschließend in der richtigen Reihenfolge im Kirchenjahr auf eine neue Seite, und beschrifte sie mit dem Namen des Festes. Dies ist dein Deckblatt für das neue Thema! b) Ein Bild gehört nicht in deine Liste. Welches? Material: M1	
		Baue eine Dekoration in einer Vitrine o. Ä. zu einem Fest deiner Wahl auf. Was könntest du gestalten? Material: M1, Dekorationsmaterial			

Kirchenfeste rund um Weihnachten

Erntedank – auch eine Art, „danke" zu sagen

Aufgaben-typ	Bibel/Heiligenlegenden/ historische Quellen	Handlungsorientierte Aufgaben	Schreibaufgaben	Künstlerische Aufgaben	Sonstige Aufgaben
	Lies zunächst den kurzen Informationstext. Betrachte anschließend das Bild. Welches Verhältnis zwischen den Siedlern und den Indianern wird deutlich? **Material: M4**		Welche Erntegaben können auf dem Altar dargebracht werden? Ergänze das Wort „Erntedankfest" mit deinen Ideen. **Material: M2**		
			a) Suche im Lexikon oder im Internet nach der Bedeutung des Wortes „Erntedank". Warum war es früher wichtig, für eine gute Ernte zu danken? b) Wofür können wir heute danken? Schreibe deine Gedanken auf, und vergleiche sie mit den Überlegungen deiner Mitschüler. **Material: M3, Lexikon und/oder Internetzugang**		Im Zeitalter des Superdüngers und der genmanipulierten Pflanzen: Ist es da überhaupt noch notwendig, für eine gute Ernte zu danken? Überlegt gemeinsam, und begründet eure Meinung. **Material: M2**
	Was meint Wilma Mankiller, die erste Frau, die als Häuptling einen Indianerstamm führte, mit ihrer Aussage? **Material: M4**				Wie ist das Verhältnis zwischen den Amerikanern und den Indianern heute? Recherchiere dazu im Internet. **Material: M4, Internetzugang**

Kirchenfeste rund um Weihnachten

Ein Tag – zwei Feste: Reformationstag und Halloween

Aufgaben-typ	Bibel/Heiligenlegenden/ historische Quellen	Handlungsorientierte Aufgaben	Schreibaufgaben	Künstlerische Aufgaben	Sonstige Aufgaben
		Erzählt die Sage in eigenen Worten nach. Spielt sie anschließend in der Klasse als kleines Rollenspiel vor. **Material: M8**	Betrachte das Bild, und überlege, was Luther wichtig war. Fülle den Lückentext aus. **Material: M6**		Lies die vier Thesen, und überlege, was Luther an der Kirche kritisierte und was er forderte. Kläre dazu zunächst (z.B. mit Hilfe des Internets oder mit einem Partner), was man unter Ablasshandel versteht. Überlegt anschließend gemeinsam, ob Luther Recht hatte. **Material: M5, evtl. Internetzugang**
	Wie entstand aus der Sage von Jack O'Lantern ein neues Fest? **Material: M8**	Was würde Luther an der heutigen Kirche wohl ändern wollen? Schlüpfe in die Rolle Luthers, und versuche, durch eine kleine Rede oder einen neuen Thesenanschlag deine Mitbürger von deiner Kritik an der Kirche zu überzeugen. **Material: M5**	Wie läuft bei euch der Halloween-Abend ab? Beschreibt, was ihr an Halloween macht. **Material: M7**	Gestaltet eine Collage zum Thema „Umkehr". **Material: M5, sowie Zeitungen, Zeitschriften, Kleber, Schere, Stifte, großes Plakat**	
	Luther forderte: „Sola fide, sola scriptura, solus Christus!" Was meinte er damit? Recherchiere dazu im Internet. **Material: M6, Internetzugang**				Viele Menschen üben Kritik an Halloween. Welche Kritikpunkte gibt es? **Material: M7**

Vier Tage für die Toten: Allerheiligen, Allerseelen, Totensonntag und Volkstrauertag 1/2

Aufgaben-typ	Bibel/Heiligenlegenden/ historische Quellen	Handlungsorientierte Aufgaben	Schreibaufgaben	Künstlerische Aufgaben	Sonstige Aufgaben
	Allerseelen Erkläre mit eigenen Worten die Bedeutung des Gedenktages „Allerseelen". **Material: M12** **Volkstrauertag** Lies den Text, betrachte das Bild, und beantworte die Fragen. • Was erkennst du auf dem Bild? • Woran sollen die Soldatenfriedhöfe erinnern? • Wozu sollen diese Friedhöfe dienen, und warum werden sie besonders geschützt? • Ist dieser Gedenktag heute noch gerechtfertigt? **Material: M15**	**Allerheiligen** Suche im Internet, in einem Heiligenlexikon oder in einem Lexikon für Vornamen nach den jeweiligen Namenspatronen der aufgeführten Vornamen. Suche auch, ob du oder einer deiner Freunde einen Namen trägt, der einem Heiligen oder einer biblischen Person zugeordnet werden kann. Wer war der Namensgeber? **Material: M11, Lexikon der Vornamen, Heiligenlexikon, evtl. Internetzugang** **Allerseelen** Backt das Rezept nach. **Material: M13, sowie dort aufgeführte Zutaten**	**Allerheiligen** Erstelle einen Steckbrief von einer Person, die für dich vorbildhaft ist, und stelle diese Person anschließend mit Hilfe des Steckbriefes der Klasse vor. Was macht diese Person für dich zum Vorbild? **Material: M9**		**Allerheiligen** Welche Heiligen kennst du? Weißt du, wofür sie verehrt werden? Kennst du eine Person, die erst vor Kurzem heiliggesprochen wurde? Was hat sie Besonderes gemacht? **Material: M9** **Allerheiligen** a) Was sind Heilige? Schlage im Lexikon nach, oder recherchiere im Internet. b) Suche alle Heiligennamen aus dem Gitterrätsel heraus, und trage sie in die Liste ein. Manchmal helfen dir die Anfangsbuchstaben des Namens. c) Wähle anschließend eine Person aus, und informiere dich über sie. Warum ist sie heiliggesprochen worden? Gibt es eine Legende zu deiner ausgewählten Person (www.heiligenlexikon.de)? Trage deine Informationen auf dem Arbeitsblatt ein. **Material: M10, Lexikon, evtl. Internetzugang**

Kirchenfeste rund um Weihnachten

Vier Tage für die Toten: Allerheiligen, Allerseelen, Totensonntag und Volkstrauertag 2/2

Aufgaben-typ	Bibel/Heiligenlegenden/ historische Quellen	Handlungsorientierte Aufgaben	Schreibaufgaben	Künstlerische Aufgaben	Sonstige Aufgaben
			Allerseelen Vielleicht hast du in diesem Jahr auch einen geliebten Menschen verloren und möchtest an ihn denken. Schreibe einen Brief an diese Person. Stecke ihn in ein Kuvert, und verschließe es. Du kannst den Brief zu Hause aufbewahren oder an das Grab des Verstorbenen bringen und ihn dort ablegen oder vergraben. **Material: M12**		
		Allerheiligen oder Totensonntag Besucht mit der Lerngruppe an einem Tag kurz nach Allerheiligen oder Totensonntag den örtlichen Friedhof. Schreibt eure Beobachtungen auf dem Fragebogen nieder. Nehmt ein Grablicht, ein Feuerzeug oder Streichhölzer mit. Zündet euer mitgebrachtes Grablicht an, und stellt es auf ein Grab, das kein Licht hat! **Material: M14**			

Kirchenfeste rund um Weihnachten

Buß- und Bettag – vom Nachdenken und Umkehren

Aufgaben-typ	Bibel/Heiligen-legenden/ historische Quellen	Handlungsorientierte Aufgaben	Schreibaufgaben	Künstlerische Aufgaben	Sonstige Aufgaben
	Erkläre die Geschichte und den Sinn des Buß- und Bettages. Welche Bedeutung hat der Begriff „Buße" für diesen Feiertag? **Material:** M18 [M 18]	Unterstütze die Archäologen: • Um welchen Text handelt es sich? • Wo kann man den genauen Wortlaut finden? • Warum wurde das Fasten ausgerufen, und was hat es bewirkt? • Erkläre, warum büßen „umkehren" heißt. **Material:** M16, Bibel, Konkordanz, evtl. Internetzugang [M 16]			
			Überlege, wie Gott die Handlungen der Menschen in Ninive beurteilen könnte, und schreibe deine Überlegungen dazu auf. **Material:** M16 [M 16]	Gestaltet ein Plakat zum Buß- und Bettag. Was fällt euch zum Thema „Umkehr" ein? **Material:** M17, großes Plakat, dickere Stifte, Kleber, evtl. Zeitungen und Zeitschriften [M 17]	
		Verfasse eine ganz kurze Rede, die ein Pfarrer oder Pastor zur Bedeutung des Buß- und Bettags in der heutigen Zeit halten könnte. Worüber lohnt es sich, heutzutage nachzudenken? Wo sollte die Gesellschaft ihre Haltung ändern? **Material:** M18 [M 18]		Was zählt für euch, was ist euch wichtig? Schreibt jeder eure Gedanken auf eine Karteikarte, und heftet diese auf eine große Pinnwand oder ein leeres Plakat. Lest anschließend eure Einträge, und besprecht einzelne, für euch interessante Ansätze. Überlegt, warum diese Themen oder Ideen wichtig sind. **Material:** M17, Karteikarten, Pinnwand oder Plakat, Heftnadeln oder Klebestreifen [M 17]	

Kirchenfeste rund um Weihnachten

Sankt Martin – vom Teilen

Aufgaben-typ	Bibel/Heiligenlegenden/ historische Quellen	Handlungsorientierte Aufgaben	Schreib-aufgaben	Künstlerische Aufgaben	Sonstige Aufgaben
	Suche im Gitterrätsel acht Begriffe aus Martins Leben, und füge diese an die passenden Stellen in den Lückentext (Martinslegende) ein. **Material: M21**	Lies die einzelnen Sätze des Textpuzzles aufmerksam durch, und nummeriere die korrekte Reihenfolge. Der erste Satz ist bereits vorgegeben. Schneide anschließend die Sätze aus, und klebe sie in der richtigen Reihenfolge auf. **Material: M20**			Sieh dir das Bild in Ruhe an. Beschreibe die abgebildete Figur nun einem Mitschüler, der das Bild nicht gesehen hat, so genau, dass der errät, wer abgebildet ist. Gehe dabei systematisch vor, und beantworte die Fragen. **Material: M19**
		Die Szene des Mantelteilens ist vielen bekannt. Schreibe mit einem Partner einen kurzen Dialog zwischen Martin und einem Freund. Martin berichtet dabei von seinem Erlebnis, und der Freund kommentiert. Spielt die Szene vor. **Material: M20**	Stelle dir vor, dass dir in einer ausweglosen Situation jemand einen riesigen Gefallen tut. Schreibe in einem Brief auf, wie du dich fühlst und welche Gedanken dir durch den Kopf gehen. **Material: M20**		Du bist mit einem Freund in einem Fastfood-Restaurant, und du hast noch einen Hamburger vor dir liegen. Aber ihr habt beide noch Hunger und kein Geld. Was macht ihr? Begründe deine Meinung. Was hätte Martin gemacht? Variante: Du gehst ins Fastfood-Restaurant. Vor der Tür steht ein bettelndes Kind und fragt, ob du ihm einen Hamburger bezahlst. Was machst du? Begründe deine Meinung. Was hätte Martin getan? **Material: M19**
				Gestalte ein Kirchenfenster für die Kirche „Sankt Martin", das eine Szene aus dem Leben des Heiligen Martin zeigt. **Material: M22**	Was hältst du selbst vom Teilen? Teilst du oft Dinge mit anderen? Mit wem teilst du? Was hält dich vielleicht auch davon ab, zu teilen? **Material: M19**

Kirchenfeste rund um Weihnachten

Advent – der Weg zum Licht

Aufgaben-typ	Bibel/ Heiligenlegenden/ historische Quellen	Handlungsorientierte Aufgaben	Schreib-aufgaben	Künstlerische Aufgaben	Sonstige Aufgaben
					M23 a) Welcher typische Adventsbrauch wird durch die Bilder symbolisiert? b) Welche Bedeutung haben sie für dich? c) Kennst du weitere typische Adventsbräuche? d) Welche Bräuche habt ihr bei euch zu Hause selbst? **Material: M23**
				Gestaltet mit Bildern und Texten ein Plakat, das für euch Weihnachten darstellt. **Material: M23**, Zeitschriften, Geschenkpapier, Postkarten etc., großes Plakat, Kleber, Stifte, Schere	M24 a) Erkläre den Unterschied zwischen der Adventszeit heute und früher. Warum wurde in der Adventszeit früher gefastet? b) Erkläre die genannten Adventsbräuche. c) Welche werden auch bei euch in den Familien oder in der Gegend noch begangen? d) Warum kritisieren viele Menschen heutzutage den frühen Beginn der Adventszeit? Was meinst du selbst dazu? **Material: M24**
		Wie bereitet ihr euch auf die Ankunft eines gern gesehenen Gastes vor? Entwerft ein Rollenspiel mit drei Personen, und spielt dieses vor. Vergleicht eure Darstellungen mit den Erwartungen, die die Adventszeit als Vorbereitung der „Ankunft" von Jesus Christus in den Menschen weckt. **Material: M24** M24			

Kirchenfeste rund um Weihnachten

Nikolaus – Geschenke für die Kinder

Aufgaben-typ	Bibel/ Heiligenlegenden/ historische Quellen	Handlungsorientierte Aufgaben	Schreibaufgaben	Künstlerische Aufgaben	Sonstige Aufgaben
	Recherchiere im Internet, oder interviewe deine Eltern und Verwandten: Was wissen deine Gesprächspartner über den Heiligen Nikolaus von Myra? Welche Legende über ihn gefällt dir besonders? Gib sie wieder. **Material: M25**, evtl. Internetanschluss	Mache es dem Nikolaus nach. Ziehe aus einem Topf mit Zetteln, auf denen die Namen deiner Mitschüler stehen, einen Zettel. Fülle eine kleine Tüte, z.B.: eine Frühstückstüte, mit kleinen Überraschungen, Schokoriegeln, Kaugummi, Nüssen o.Ä., und verschließe sie mit einem bunten Geschenkband. Überlege vorher, worüber die beschenkte Person sich freuen würde und welche Süßigkeiten sie besonders gerne mag. Schreibe anschließend einen anonymen Gruß auf eine kleine Karte. **Material: M25**			Überlege dir Dinge, die du im vergangenen Jahr gut gemacht hast, auf die du stolz bist, die anderen eine Freude gemacht haben. Fallen dir auch Dinge ein, die nicht so gut gelungen sind oder mit denen du andere Menschen traurig gemacht hast? **Material: M27**
	Lies das Gedicht, und erläutere, welche Aufgabe der Knecht Ruprecht in Theodor Storms Gedicht hat. **Material: M26**		Schlüpfe in die Rolle des Knecht Ruprecht, und schildere in einem Tagebucheintrag deine Eindrücke des Nikolausabends. **Material: M26**	Schneide aus Zeitungen und Zeitschriften Überschriften aus, und erstelle daraus ein Gedicht zum Thema „Nikolaus". Klebe dein Gedicht auf, verziere es evtl. noch, und lies es anschließend vor. **Material: M27**, Zeitungen und Zeitschriften, Kleber, Schere, Stifte, Karton	

Kirchenfeste rund um Weihnachten

Heiligabend – die Geburt Jesu Christi 1/2

Aufgaben-typ	Bibel/ Heiligenlegenden/ historische Quellen	Handlungsorientierte Aufgaben	Schreib-aufgaben	Künstlerische Aufgaben	Sonstige Aufgaben
		Gestalte ein Geschenke-ABC mit Dingen, die nichts oder nur wenig kosten, die aber trotzdem Freude bereiten. Gestalte dieses ABC, und hänge es im Klassenraum auf. **Material: M31**	Stelle dir vor, ein Meinungsforschungsinstitut möchte von dir wissen, wie du die Weihnachtsfeiertage begehst. Beantworte ihre Fragen möglichst genau. **Material: M32**	Heute ist es üblich, die Geburt eines Kindes öffentlich mit einer Anzeige in der Tageszeitung zu verkünden. Schlüpfe in die Rolle von Josef und Maria, und veröffentliche eine Geburtsanzeige für Jesus, die deine Hoffnungen und Wünsche für dein Kind zum Ausdruck bringt. Denke daran, welche Angaben du in die Anzeige aufnehmen willst, und gestalte sie nach deinen Vorstellungen. **Material: M28**	
	Suche mit Hilfe einer Konkordanz die Weihnachtsgeschichte im Lukasevangelium, und lies sie. Suche in der Bibel anschließend nach einer zweiten Stelle, die über Ereignisse rund um die Geburt von Jesus berichtet. Vergleiche die Stellen, und finde die Unterschiede heraus. Warum entscheidet sich Josef, Maria trotz ihrer Schwangerschaft aufzunehmen und das Kind als seines anzunehmen? **Material: M29, Bibel, Konkordanz**				a) Was ist für dich selbst am Weihnachtsfest/ Heiligabend wichtig? Woran denkst du zu diesem Fest? b) Kannst du nachvollziehen, dass all die Geschenke und Weihnachtsartikel, die es rund um das Fest zu kaufen gibt, den Blick der Menschen vom eigentlichen Anlass des Festes ablenken? Wie geht es dir selbst? Ist für dich Heiligabend auch vornehmlich mit Geschenken verbunden? Und wenn ja, findest du das schlimm und würdest etwas daran ändern wollen? **Material: M28**

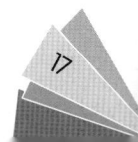

Kirchenfeste rund um Weihnachten

Heiligabend – die Geburt Jesu Christi 2/2

Aufgaben-typ	Bibel/ Heiligenlegenden/ historische Quellen	Handlungsorientierte Aufgaben	Schreib-aufgaben	Künstlerische Aufgaben	Sonstige Aufgaben
			Dem Märchen fehlt der Schluss-Satz. Schreibe ein Ende! Stelle deinen Schluss vor, vergleiche ihn in der Klasse mit deinen Mitschülern, und wählt den passendsten aus. Warum habt ihr euch für diese Variante entschieden? Material: M30		

Kirchenfeste rund um Weihnachten

Die Weihnachtstage – Zeit der Freude

Aufgaben-typ	Bibel/Heiligen-legenden/historische Quellen	Handlungsorientierte Aufgaben	Schreibaufgaben	Künstlerische Aufgaben	Sonstige Aufgaben
			a) Was bedeutet heute Weihnachten für dich? Welche Begriffe fallen dir ein, wenn du an Weihnachten denkst? Sammle deine Ideen, und schreibe ein Elfchen darüber. b) Wie sieht Weihnachten wohl für dich in 10, 20 oder 30 Jahren aus? **Material:** M34		a) Suche dir einen Partner, und recherchiert im Internet nach den Weihnachtsbräuchen in den dargestellten Ländern. b) Was fällt euch auf? Wo liegen Gemeinsamkeiten, wo gibt es Unterschiede? **Material:** M33, Internetzugang
		a) Gestaltet ein Wortplakat für eure ganze Lerngruppe! Darauf sollen die fünf wichtigsten Wörter, die euch zum Weihnachtsfest einfallen, herausgestellt werden. Dazu schreibt jeder von euch nacheinander auf ein großes Plakat die fünf Wörter, die er für die wichtigsten hält. Sollte eines eurer Wörter schon da stehen, kennzeichnet ihr es durch ein Sternchen. b) Welche Wörter haben die meisten Sterne? Warum sind gerade diese Wörter ausgewählt worden? Diskutiert über das Wortplakat und eure Wortauswahl in der Klasse. Überlegt auch, was eure Wortauswahl darüber aussagt, wie ihr Weihnachten feiert und was ihr mit diesem Fest in Verbindung bringt. **Material:** M34, Plakat, dickere Stifte			

Kirchenfeste rund um Weihnachten

Silvester und Neujahr – Ende und Anfang

Aufgaben-typ	Bibel/Heiligen-legenden/historische Quellen	Handlungsorientierte Aufgaben	Schreibaufgaben	Künstlerische Aufgaben	Sonstige Aufgaben
		Überlege dir drei Vorsätze für das neue Jahr, die du einhalten möchtest. Schreibe diese Vorsätze in Schönschrift in den Rahmen, und hänge sie zur Erinnerung in deinem Zimmer auf. **Material:** M37	Stelle dir vor, dass dein Leben genau zwölf Stunden umfasst: Wie spät ist es in deinem Leben? Überlege genau, und begründe deine Antwort. Vervollständige anschließend die Sätze, und überlege, was dir zu den Zeitpunkten in deinem Leben einfällt. **Material:** M38		a) Welche Glückssymbole kennst du? Woher kommt ihre Bedeutung? Recherchiere im Internet oder in einem Lexikon. b) Hast du selbst vielleicht ein ganz persönliches Glückssymbol? Was bedeutet dieses Symbol, wo kommt es her, und warum ist es für dich persönlich wichtig? **Material:** M35, Lexikon, evtl. Internetzugang Findest du es sinnvoll, sich für ein neues Jahr Vorsätze zu überlegen? Oder kann man genauso gut auch an jedem anderen Tag beschließen, etwas in seinem Leben zu verändern? Diskutiere mit einem Partner darüber. **Material:** M37
	Recherchiere in einem Heiligenlexikon: Was kannst du über Silvester I. herausfinden? **Material:** M36, Heiligenlexikon		Manchmal siehst du am Silvesterabend deine Freunde nicht. Schreibe eine SMS mit einem besonderen Neujahrswunsch an deinen besten Freund. **Material:** M35	Suche ein Symbol aus, und zeichne eine Neujahrs-karte mit diesem Symbol. **Material:** M35, Zeichenstifte	Recherchiere im Internet. Was ist der gregorianische Kalender? **Material:** M36, Internetzugang
					„Urbi et orbi" ist ein besonderer Segen in der katholischen Kirche. Recherchiere, was er bedeutet. **Material:** M35, evtl. Internetzugang

Heilige Drei Könige – die Weisen aus dem Morgenland

Aufgaben-typ	Bibel/Heiligenlegenden/ historische Quellen	Handlungsorientierte Aufgaben	Schreibaufgaben	Künstlerische Aufgaben	Sonstige Aufgaben
	Lies die Legende. Welche Teile erscheinen fabelhaft und erfunden? Warum? **Material: M39**			Verwandle den Text in eine Bildergeschichte, und male sie in ein Buddy-Book. **Material: M41**	Was weißt du selbst über die Heiligen Drei Könige und ihre Geschichte? **Material: M39**
	Trage auf der Zeitleiste ein, wann welche Information zu der Heiligenlegende der Heiligen Drei Könige hinzugefügt wurde. **Material: M40**				
				Was bedeutet der Anschrieb? Ergänze die fehlenden Zeichen. Recherchiere eventuell im Internet. **Material: M42, evtl. Internetzugang**	Hast du selbst schon einmal bei den Sternsingern mitgemacht oder könntest dir vorstellen, dies zu tun? Erzähle von deinen Erlebnissen. Wieso findest du die Aktion gut, was hat dir besonders gefallen? **Material: M42**

Kirchenfeste rund um Weihnachten

Aschermittwoch – der Beginn der Fastenzeit

Aufgabentyp	Bibel/Heiligenlegenden/historische Quellen	Handlungsorientierte Aufgaben	Schreibaufgaben	Künstlerische Aufgaben	Sonstige Aufgaben
		Fasten heißt verzichten: Überlege dir etwas, worauf du in der Fastenzeit verzichten möchtest! Schreibe deinen Vorsatz anonym auf eine Karteikarte, und hänge sie im Klassenraum auf. Wenn du deinen Vorsatz nicht halten konntest, nimm deine Karte ab. **Material: M44**			
					a) Hast du dir selbst schon einmal ein Aschekreuz auf die Stirn zeichnen lassen, oder könntest du dir vorstellen, dies zu tun? Wie fühlt man sich bei diesem Brauch? b) Warum, glaubst du, ist es wichtig, sich an seine eigene Vergänglichkeit zu erinnern und umzukehren, wenn man etwas Falsches getan hat? c) Warum lassen sich heute wohl nur noch wenige Menschen am Aschermittwoch das Aschekreuz auf die Stirn zeichnen? **Material: M43**
			Lies den Text, und beantworte die Fragen. • Was ändert sich für Bruder Paulus in der Fastenzeit? • Was meint Bruder Paulus, wenn er behauptet, dass die Fastenzeit ein Gewinn sei? **Material: M45**		Versuche, einmal ganz bewusst eine Stunde des Tages zu schweigen. Wie geht es dir bei der Durchführung dieser Schweigestunde? **Material: M45**

Kirchenfeste rund um Weihnachten

Gemeinsame Festmotive in aller Welt

Sonstige Aufgaben
Die Lichterfeste in der Welt Lies dir die Texte (M48–M51) genau durch. Welche Abläufe oder Handlungen lassen sich feststellen? Welchen Ursprung haben die Feste in den verschiedenen Religionen? Fülle die Tabelle (M47) mit deinen eigenen Worten aus. **Material:** M46–M51

Sonstige Aufgaben
Die Neujahrsfeste in der Welt Lies dir die Texte (M53–M56) genau durch. Welche Abläufe oder Handlungen lassen sich feststellen? Welchen Ursprung haben die Feste in den verschiedenen Religionen und Regionen? Fülle die Tabelle (M52) mit deinen eigenen Worten aus. **Material:** M46, M52–M56

Kirchenfeste rund um Weihnachten

Kirchenfeste rund um Weihnachten – Stationen von Erntedank bis Aschermittwoch

Einstieg M1

1. Schneide alle Bilder aus, die zu einem Fest gehören, das zwischen Erntedank und Aschermittwoch liegt. Klebe sie anschließend in der richtigen Reihenfolge im Kirchenjahr auf eine neue Seite, und beschrifte sie mit dem Namen des Festes. Dies ist dein Deckblatt für das neue Thema!
2. Ein Bild gehört nicht in deine Liste. Welches?

a)

b)

c)

d)

e)

f)

g)

h)

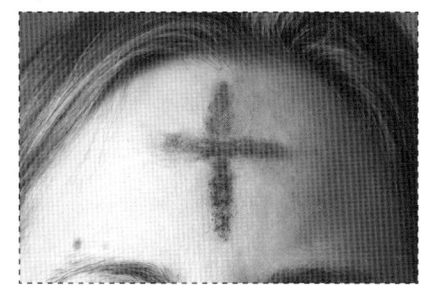

i)

j)

Baue eine Dekoration in einer Vitrine o. Ä. zu einem Fest deiner Wahl auf. Was könntest du gestalten?

Kirchenfeste rund um Weihnachten

Feld- und Gartenfrüchte für den Altar

Erntedank M2

Erntedankdekoration in einer Kirche

Der Erntedanktag ist in der christlichen Kirche eine Gelegenheit, Dank für die Gaben Gottes auszusprechen. Dabei wird bewusst gemacht, wer für das Wachsen der Früchte und für die Ernte verantwortlich ist – nämlich Gott. Insbesondere in früheren Zeiten, als viele Menschen von der Landwirtschaft lebten und nicht alle Produkte im Supermarkt zu kaufen waren, war es wichtig, für die gute Ernte (die den Menschen das Überleben sicherte) zu danken. Aber auch heute noch können wir dankbar dafür sein, dass wir genügend (und in großer Auswahl) zu essen haben, denn selbstverständlich ist dies nicht. Noch immer gibt es Menschen auf der Welt, die hungern müssen; insofern ist Erntedank also auch heute noch ein wichtiges Fest. Traditionell werden in vielen Gemeinden die geernteten Feld- und Gartenfrüchte, die man an diesem Tag „Gaben" nennt, auf oder neben dem Altar der Kirche dekoriert und eine Erntekrone aus Ähren gebastelt. Nach dem Gottesdienst werden die Gaben (die oft auch durch weitere Lebensmittel, z.B. Konserven, ergänzt werden) an Bedürftige verteilt.

1. **Welche Erntegaben können auf dem Altar dargebracht werden? Ergänze das Wort „Erntedankfest" mit deinen Ideen.**

   E Erdbeeren
   R _____
   N _____
   T _____
   E _____
   D _____
   A _____
   N _____
   K _____
   F _____
   E _____
   S _____
   T _____

2. **Im Zeitalter des Superdüngers und der genmanipulierten Pflanzen: Ist es da überhaupt noch notwendig, für eine gute Ernte zu danken? Überlegt gemeinsam, und begründet eure Meinung.**

Kirchenfeste rund um Weihnachten

Warum sollen wir danken?

Erntedank

Auch heute noch feiern wir Erntedank

„Gott sei Dank!" – Diesen Ausruf hast du bestimmt schon oft gehört. Am Erntedanktag wird dieser Spruch in die Tat umgesetzt. Schon in der vorchristlichen Zeit wurde, z.B. im Römischen Reich oder bei den Germanen, für die gute Ernte den Göttern ein Dankopfer gebracht. In der christlichen Kirche ist seit dem 3. Jahrhundert bekannt, dass nach der Ernte ein Dankgottesdienst abgehalten wurde.

Dabei wurde nicht nur für die Ernte, die der Bauer eingebracht hat, gedankt, sondern auch dafür, dass Gott mit der Ernte die Bauern versorgte, ernährte und die kommende, harte und entbehrungsreiche Zeit des Winters dadurch gesichert war. Das Erntedankfest gab (und gibt auch heute noch) Gelegenheit, darüber nachzudenken, dass es Menschen gibt, die im Überfluss leben, und andere, die hungern. Schon im Mittelalter war es üblich, die erste und die letzte Gabe mit Ähren den Armen des Dorfes zu bringen.

Und heute?

Heute lebt ihr anders. Ihr öffnet den Kühlschrank und findet ganz selbstverständlich zu jeder Jahreszeit Butter, Milch, Käse, Fleisch oder Wurst. Ihr esst Bananen und Ananas aus den Tropen oder Schokolade aus der Schweiz. Brot ist immer im Haus, vielleicht sogar mehrere Sorten.
Morgens setzt ihr euch an einen gedeckten Tisch, und auch mittags und abends habt ihr oft die Auswahl, was ihr essen möchtet. Ihr lebt zumeist im Überfluss, und es ist viel weniger bewusst, dass es früher für viele Menschen nicht selbstverständlich war, genug zu essen zu haben. Auch heute noch leben in vielen Teilen der Erde Menschen, die Hunger leiden und ihre Lebensmittel nicht einfach im Supermarkt kaufen können. Insofern können wir also auch heute noch dankbar sein, dass wir immer genug zu essen haben.

1. **Suche im Lexikon oder im Internet nach der Bedeutung des Wortes „Erntedank". Warum war es früher wichtig, für eine gute Ernte zu danken?**
2. **Wofür können wir heute danken? Schreibe deine Gedanken auf, und vergleiche sie mit den Überlegungen deiner Mitschüler.**

Kirchenfeste rund um Weihnachten

Thanksgiving Day – auch eine Art, „danke" zu sagen

Erntedank M4

„The First Thanksgiving" von J.L.G. Ferris

In den USA wird seit 1621 mit dem Thanksgiving Day (engl. für Danksagung) auch ein Erntedankfest gefeiert, das in seinen Bräuchen allerdings stark von unserem abweicht. Für die ersten Siedler aus England war der erste Winter in der neuen Heimat sehr hart. Es wurde ein Hungerwinter, bei dem fast die Hälfte aller Siedler starb.

Nur mit der Unterstützung der amerikanischen Urbevölkerung, der Indianer, gelang es einigen Siedlern, diese Zeit zu überleben. Sie zeigten den Hungernden z.B., wie sie Mais anbauen, jagen und fischen konnten. Damit war ihr Überleben gesichert. Um für die Hilfe zu danken, luden die Siedler die Indianer zu einem Fest ein, das von nun an regelmäßig (erst zu unterschiedlichen Terminen, später immer am letzten Donnerstag im November) gefeiert wurde.

1. **Lies zunächst den kurzen Informationstext. Betrachte anschließend das Bild. Welches Verhältnis zwischen den Siedlern und den Indianern wird deutlich?**

2. „Wir feiern Thanksgiving gemeinsam mit allen Amerikanern, wenn auch vielleicht anders und mit anderem Hintergrund: Unabhängig von allem, was uns widerfahren ist, seit wir den Pilgrims zu essen gaben, haben wir doch unsere Sprache, unsere Kultur, unsere eigene soziale Struktur erhalten. Selbst im nuklearen Zeitalter sind wir noch ein Stammesvolk."

   Wilma Mankiller, Oberster Häuptling der Cherokee von 1985–1995

   Was meint Wilma Mankiller, die erste Frau, die als Häuptling einen Indianerstamm führte, mit ihrer Aussage?

3. **Wie ist das Verhältnis zwischen den Amerikanern und den Indianern heute? Recherchiere dazu im Internet. Folgende Internetadresse kann dir helfen:**
   http://de.wikipedia.org/wiki/Indianer_Nordamerikas

Kirchenfeste rund um Weihnachten

Reformationstag

Reformationstag und Halloween

Am 31. Oktober 1517 schlug Martin Luther 95 Thesen an die Schlosskirche der Stadt Wittenberg. Er prangerte in diesen Thesen die Missstände innerhalb der Kirche an und machte deutlich, in welchen Bereichen sich die Kirche ändern müsse, damit sie sich wirklich „Kirche Jesu Christi" nennen dürfe. Durch die Erfindung des Buchdrucks verbreiteten sich die Thesen in kurzer Zeit in ganz Deutschland, und viele Menschen begannen, über die Forderungen Luthers nachzudenken und sie zu diskutieren. Luther kritisierte in seinen Thesen vor allem den Ablasshandel, allerdings übte er auch Kritik am Papst. Durch Luthers Forderungen entwickelte sich später die evangelische Kirche, da es viele Menschen gab, die Luther Recht gaben und eine „neue" Kirche gründen wollten, die sich von der alten Kirche deutlich absetzte. Deshalb wird dieser Tag als Beginn der Reformation (Reformationstag) bezeichnet.

In Luthers Text heißt es:

1. These:
Da unser Herr und Meister Jesus Christus spricht: „Tut Buße", hat er gewollt, dass das ganze Leben der Gläubigen Buße sein soll. [...]

6. These:
Der Papst kann eine Schuld nur dadurch erlassen, dass er sie als von Gott erlassen erklärt und bezeugt, natürlich kann er sie in den ihm vorbehaltenen Fällen erlassen; wollte man das geringachten, bliebe die Schuld ganz und gar bestehen. [...]

35. These:
Nicht christlich predigen die, die lehren, dass für die, die Seelen (aus dem Fegefeuer) loskaufen oder Beichtbriefe erwerben, Reue nicht nötig sei.

36. These:
Jeder Christ, der wirklich bereut, hat Anspruch auf völligen Erlass von Strafe und Schuld, auch ohne Ablassbrief.

Quelle: www.ekd.de/glauben/95_thesen.html
Herausgegeben vom Kirchenamt der EKD, Herrenhäuser Str. 12, 30419 Hannover

1. Lies die vier Thesen, und überlege, was Luther an der Kirche kritisierte und was er forderte. Kläre dazu zunächst (z.B. mit Hilfe des Internets oder mit einem Partner), was man unter Ablasshandel versteht. Überlegt anschließend gemeinsam, ob Luther Recht hatte.

2. Was würde Luther an der heutigen Kirche wohl ändern wollen? Schlüpfe in die Rolle Luthers, und versuche, durch eine kleine Rede oder einen neuen Thesenanschlag deine Mitbürger von deiner Kritik an der Kirche zu überzeugen.

3. Gestaltet eine Collage zum Thema „Umkehr".

Kirchenfeste rund um Weihnachten

Luthers Forderungen zur Veränderung der Kirche

Reformationstag und Halloween — M 6

Martin Luthers Freund, Lukas Cranach der Ältere, der Bürgermeister von Wittenberg, war ein bedeutender Maler seiner Zeit. Seine Werke werden auch heute noch zu Höchstpreisen gehandelt. Cranach malte ein Bild, in dem er Luther als Prediger darstellt. Luthers Hauptthesen und Forderungen an die römisch-katholische Kirche werden darin dargestellt.

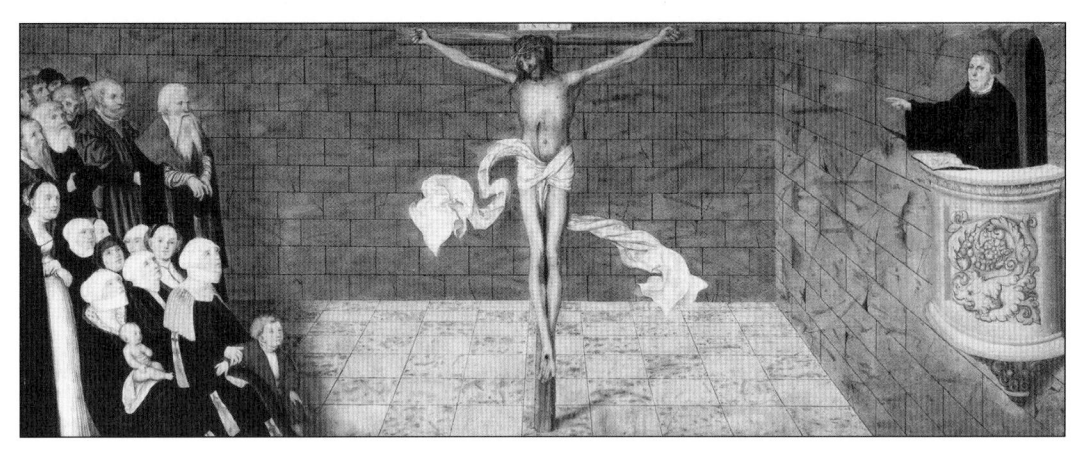

Lukas Cranach der Ältere: Luther als Prediger in der Stadtkirche in Wittenberg

1. **Betrachte das Bild, und überlege, was Luther wichtig war. Fülle den Lückentext mit folgenden Begriffen aus:**
   Kreuz – Gottes – Bibel – Jesus Christus – Bibel – Glaubens – Mittelpunkt – Lehre

   Was war Luther wichtig?
   Luther wollte, dass sich die Gläubigen und die Kirche wieder nach der

   _____ und nach _____ richten.

   Daher zeigt er mit der Hand auf die _____ und auf das

   _____. Jesus Christus ist der gekreuzigte und auferstandene Sohn

   _____. Er und seine _____ sollen darum im

   _____ des _____ der Menschen stehen.

2. **Luther forderte: „Sola fide, sola scriptura, solus Christus!" Was meinte er damit? Recherchiere dazu im Internet. Folgende Internetadressen können dir helfen:**
   http://de.wikipedia.org/wiki/Sola_fide
   http://de.wikipedia.org/wiki/Sola_scriptura
   http://de.wikipedia.org/wiki/Solus_Christus

Kirchenfeste rund um Weihnachten

Woher kommt Halloween?

Reformationstag und Halloween

Kürbisse sind eine beliebte Dekoration zu Halloween.

Der Name „Halloween" leitet sich von „All Hallows Eve(ning)" ab, was so viel wie Allerheiligenabend bedeutet. Damit ist der Vorabend von Allerheiligen (engl.: all = alle, hallows = Heilige) gemeint. Da in der katholischen Kirche am 1. November Allerheiligen gefeiert wird, fällt „All Hallows Eve" auf den Abend des 31. Oktober, des Reformationstages. Dieser hat aber mit Halloween nichts zu tun. Ursprünglich wurde dieses Fest in Irland gefeiert und kam mit irischen Einwanderern im 19. Jahrhundert in die USA. Dort entwickelte es sich im Laufe der Zeit zu einem wichtigen Volksfest und kam als solches zurück nach Europa, wo Halloween anfänglich besonders in den katholischen Gebieten gefeiert wurde.

Die Feiern sehen heute so aus, dass sich besonders die Kinder als Hexen, Vampire oder Geister verkleiden und in der Nachbarschaft von Tür zu Tür gehen und „Süßes (= Süßigkeiten) oder Saures (= kleine Streiche)" fordern. Außerdem gibt es in Irland die Sage von Jack O`Lantern, die besonders die Kürbisfratzen, die ein beliebtes Dekorationsthema zu Halloween sind, erklärt.

1. **Wie läuft bei euch der Halloween-Abend ab? Beschreibt, was ihr an Halloween macht.**

2. **Viele Menschen üben Kritik an Halloween. Welche Kritikpunkte gibt es? Folgende Internetadresse kann euch weiterhelfen:**
   http://de.wikipedia.org/wiki/Halloween

Kirchenfeste rund um Weihnachten

Die Sage von Jack O'Lantern

Reformationstag und Halloween

Eine Kürbisfratze – dieser Brauch leitet sich von der Sage von Jack O'Lantern ab.

Vor vielen, vielen Jahren lebte in Irland ein Hufschmied namens Jack. Am Abend vor Allerheiligen saß Jack, der für seinen Geiz und seine Trunksucht bekannt war, in der Dorfkneipe, als plötzlich der Teufel neben ihm stand, um ihn zu holen. Aber Jack bot ihm seine Seele für einen letzten Drink an. Der Teufel hatte nichts dagegen, aber er stellte fest, dass keiner mehr Geld hatte. So verwandelte sich der Teufel selbst in eine Münze, um Jack diesen letzten Drink zu spendieren.

Jack aber steckte die Münze in seinen Geldbeutel und verschloss diesen fest. Der Teufel konnte sich nicht zurückverwandeln, weil Jack in dem Geldbeutel auch immer ein silbernes Kreuz bei sich trug. Nun verhandelte Jack mit dem Teufel, und dieser versprach, erst in zehn Jahren wiederzukommen, um Jacks Seele zu holen. Erst da ließ Jack den Teufel frei.

Nach zehn Jahren kam der Teufel zurück, um Jack zu holen, und dieser bat ihn erneut um einen letzten Gefallen:

Er wünschte sich als seine Henkersmahlzeit einen Apfel. Der Teufel kletterte also auf einen Apfelbaum, um den Apfel zu pflücken. Währenddessen zog Jack sein Messer hervor, schnitzte ein Kreuz in die Rinde des Baumes, und der Teufel war auf dem Baum gefangen. Und wieder verhandelten Jack und der Teufel, und dieser versprach, Jacks Seele bis in alle Ewigkeit in Ruhe zu lassen. Daraufhin entfernte Jack das Kreuz vom Baum. Jahre später starb Jack und bat im Himmel um Einlass. Doch er wurde abgewiesen, denn er war kein braver und frommer Mensch gewesen. Jack ging nun zum Höllentor. Aber auch dort fand er keinen Zutritt, denn der Teufel hatte ja versprechen müssen, niemals Jacks Seele zu holen. Doch weil der Teufel Mitleid hatte, schenkte er Jack eine glühende Kohle direkt aus seinem Höllenfeuer. Jack steckte dieses Stück Kohle in eine ausgehöhlte Rübe, die er für unterwegs mitgenommen hatte. Seit diesem Tag wandelt Jacks Seele mit der Laterne am Vorabend vor Allerheiligen durch die Dunkelheit.

Informationen nach: www.jackolantern.de

1. **Erzählt die Sage in eigenen Worten nach. Spielt sie anschließend in der Klasse als kleines Rollenspiel vor.**

2. **Wie entstand aus der Sage von Jack O'Lantern ein neues Fest?**

Kirchenfeste rund um Weihnachten

Allerheiligen – mein Vorbild
Vier Tage für die Toten

Heilige werden in der katholischen Kirche als Vorbilder verehrt. Sie sind durch ihren Lebenswandel, ihren unerschütterlichen Glauben oder durch besonders gute Taten aufgefallen und sind heute Vorbilder für die Gläubigen. Viele Heilige sind früher gefoltert worden und einen Märtyrertod gestorben, weil sie zu ihrem Glauben standen und ihn nicht verleugneten. Dafür wurden sie verehrt und später heiliggesprochen.

Vielleicht kennst du auch einen Menschen von früher oder heute, dessen Leben und Taten für dich vorbildhaft sind. Dies müssen keine berühmten Persönlichkeiten sein, denn manchmal sind die Nachbarin, die sich um den Aufbau des Kinderspielplatzes bemüht, oder dein Freund, der sich regelmäßig um seine kranke Oma kümmert, auch ein Vorbild.

1. **Erstelle einen Steckbrief von einer Person, die für dich vorbildhaft ist, und stelle diese Person anschließend mit Hilfe des Steckbriefes der Klasse vor. Was macht diese Person für dich zum Vorbild?**

Das ist mein Vorbild:

Name:

Geburtsdatum:

Sterbedatum (ggf.):

Beruf:

Das hat mir imponiert:

2. **Welche Heiligen kennst du? Weißt du, wofür sie verehrt werden? Kennst du eine Person, die erst vor Kurzem heiliggesprochen wurde? Was hat sie Besonderes gemacht?**

Kirchenfeste rund um Weihnachten

Allerheiligen – Gedenktag für die Heiligen der katholischen Kirche 1/2

Vier Tage für die Toten

An Allerheiligen wird an alle Heiligen der katholischen Kirche gedacht. Daher kommt auch der Name dieses Festtages, der am 1. November gefeiert wird und der in einigen Bundesländern ein gesetzlicher Feiertag ist.

1. Was sind Heilige? Schlage im Lexikon nach, oder recherchiere im Internet.
2. Suche alle Heiligennamen aus dem Gitterrätsel heraus, und trage sie in die Liste auf der nächsten Seite ein. Manchmal helfen dir die Anfangsbuchstaben des Namens.
3. Wähle anschließend eine Person aus, und informiere dich über sie. Warum ist sie heiliggesprochen worden? Gibt es eine Legende zu deiner ausgewählten Person (www.heiligenlexikon.de)? Trage deine Informationen auf dem Arbeitsblatt ein.

M	E	R	T	F	E	R	T	S	X	B	A	R	B	A	R	A	R	A	I
E	M	B	E	R	T	Z	U	S	D	A	R	T	G	H	J	U	Z	T	R
D	E	A	H	E	R	T	Z	G	V	C	S	C	H	J	G	T	R	F	I
A	R	I	R	I	C	H	K	L	O	I	Z	R	H	A	R	T	Z	L	N
K	A	N	N	T	E	O	K	U	T	E	D	S	T	A	E	N	U	O	D
F	E	R	D	H	I	N	A	D	E	R	T	Z	S	C	H	E	R	R	T
K	S	S	T	E	R	N	I	K	D	E	G	E	R	F	H	U	R	I	G
G	E	N	F	S	A	I	S	E	R	T	Z	U	I	M	A	R	I	A	I
L	Ö	G	H	R	E	K	D	E	R	T	N	O	T	R	D	E	W	N	J
S	C	H	E	G	E	O	R	G	H	E	R	A	V	V	B	N	M	K	L
K	L	I	Z	T	R	L	T	I	I	M	H	G	F	R	T	Z	U	I	O
W	S	C	H	E	U	A	D	E	R	T	Z	U	I	O	P	K	H	G	F
P	F	H	U	J	G	U	G	U	N	D	V	A	L	E	N	T	I	N	H
E	R	R	N	A	S	S	A	N	F	R	E	D	A	H	T	D	E	R	T
I	S	I	A	H	U	T	N	B	V	D	E	B	Ä	R	E	S	T	A	L
K	I	S	O	N	A	D	S	H	I	L	D	E	G	A	R	D	E	R	T
F	A	T	E	R	Z	A	S	R	A	S	R	N	R	T	S	C	H	T	R
H	U	O	G	U	U	T	H	N	U	J	H	E	R	T	Z	I	O	P	Ü
D	E	P	O	K	J	N	G	K	A	T	A	D	I	N	E	A	E	S	E
L	E	H	O	N	A	F	G	H	G	B	N	I	S	I	D	O	R	I	H
L	A	O	F	E	R	D	A	B	D	E	R	K	K	I	O	P	Ö	B	F
B	E	R	N	F	U	I	P	K	J	H	R	T	T	Z	U	I	O	P	Ü
B	U	U	T	F	D	E	R	N	S	P	A	N	I	E	N	F	D	E	H
D	S	S	T	E	P	J	K	U	T	E	S	C	B	G	T	R	D	S	H

Kirchenfeste rund um Weihnachten

Allerheiligen – Gedenktag für die Heiligen der katholischen Kirche 2/2

Vier Tage für die Toten

Diese Heiligen habe ich gefunden:

M _____ von Tours

N _____ von Myra

F _____ von Lorch

V _____ von Terni

F _____ von Assisi

H _____ von Bingen

B _____ von Nursia

I _____ von Sevilla

B _____ von Nikomedien

_____
_____
_____
_____
_____
_____

Der Heilige Benedikt von Nursia

Zu dieser heiligen Person habe ich Informationen gefunden:

Name: _____   Geburtsdatum: _____

Geburtsort: _____   Namenstag: _____

Todestag: _____   Schutzpatron der: _____

Was hat er/sie Besonderes gemacht?
_____
_____

Das imponiert mir an ihm oder an ihr:
_____
_____

Kirchenfeste rund um Weihnachten

Allerheiligen – Heilige als Namenspatrone

Vier Tage für die Toten

Marie – Sofie – Lea – Sarah – Anne – Miriam – Elias – Tim – Luca – Sebastian – Florian: Die Auswahl der Vornamen ist riesig. Eltern haben für ihr Kind eine fast unbegrenzt erscheinende Auswahl an modernen und alten Namen zur Verfügung. Wie die unten stehende Liste zeigt, werden momentan auch alte Namen wieder modern und sehr oft gewählt.

Früher war die Namensgebung einfacher. Das Neugeborene bekam den Namen des Großvaters, des Paten oder eines Onkels, und der hatte seinen Namen häufig auch von seinem Vater o.Ä. erhalten. Wenn man in den Stammbäumen der Familien nachschlägt, findet man immer wieder die gleichen Namen. Außerdem wählten die Eltern oft einen Heiligen- oder den Namen einer biblischen Person aus und hofften, ihr Kind somit unter dessen Schutz zu stellen. Aber: Woher kommen diese Namen?

Viele gängige Vornamen (z.B. Johannes, Maria, Jonas, David, Johanna) lassen sich auf Namen von Heiligen oder von Personen aus der Bibel zurückführen. Manchmal ist dies ganz eindeutig, z.B. kommt der Name „Hans" von Johannes; damit ist oft „Johannes der Täufer" gemeint.

Jedes Jahr werden von der Gesellschaft für Deutsche Sprache die Listen der beliebtesten Vornamen veröffentlicht.

Die beliebtesten Vornamen für 2009

	Jungen		Mädchen
1.	Maximilian	1.	Marie
2.	Alexander	2.	Sofie/Sophie
3.	Leon	3.	Maria
4.	Paul	4.	Anna, Anne
5.	Luca/Luka	5.	Emma
6.	Elias	6.	Mia
7.	Felix	7.	Sofia/Sophia
8.	Lucas/Lukas	8.	Leonie
9.	Jonas	9.	Lena
10.	David	10.	Johanna

Informationen nach: www.gfds.de/vornamen/beliebteste-vornamen/

**Suche im Internet, in einem Heiligenlexikon oder in einem Lexikon für Vornamen nach den jeweiligen Namenspatronen der oben aufgeführten Vornamen. Suche auch, ob du oder einer deiner Freunde einen Namen trägt, der einem Heiligen oder einer biblischen Person zugeordnet werden kann.
Wer war der Namensgeber?
Passt auf: Manchmal haben sich Namen geändert, sie werden abgekürzt oder in die männliche bzw. weibliche Form umgewandelt,
z.B. „Christoph" von „Christophorus" oder „Michelle" von „Michael".**

Kirchenfeste rund um Weihnachten

Allerseelen – Gedenktag für die Verstorbenen

Vier Tage für die Toten

Geschmücktes Grab

Allerseelen ist ein alter, heute fast vergessener Feiertag der katholischen Kirche aus dem frühen Mittelalter, an dem ganz unterschiedlich an die Verstorbenen gedacht wird. Nach altem christlichen Volksglauben stiegen am 2. November, an Allerseelen, die Seelen der Verstorbenen aus dem Fegefeuer zur Erde auf und ruhten sich für kurze Zeit von ihren Qualen aus. Durch Gebete und Fürbitten der Familie, aber auch durch besondere Almosen, z.B. Seelenbrote, sollte das Leid der Verstorbenen im Fegefeuer gelindert werden. An manchen Orten fanden feierliche Prozessionen statt, und „um der armen Seelen willen" erbaten die Kinder früher Almosen. Es gab Gegenden, wo die Kinder auf den Gräbern kleine Münzen suchten (und fanden), die dort hingelegt wurden, damit sie sich von dem Geld „Seelenbirnen" oder „Seelengebäck" kaufen konnten.

In früheren Jahrhunderten gab es auch abergläubische Bräuche an Allerseelen. Die Gräber der Toten wurden mit Weihwasser besprizt – allerdings weniger, um sie zu segnen, als um die Qualen der Seelen in der heißen Hölle zu lindern. Man stellte Speisen auf das Grab (Brot, Wein, Bohnen) und zündete Kerzen an. Das Licht auf den Gräbern wird verschieden gedeutet: Es soll die Seelen anlocken und ihnen den Weg zu dem Ruheplatz des Körpers weisen, oder es soll die Seelen wärmen. An anderen Orten ist das Licht eine Schranke zwischen den Lebenden und den Toten, oder es vertreibt die bösen Geister.

1. Erkläre mit eigenen Worten die Bedeutung des Gedenktages „Allerseelen".

2. Vielleicht hast du in diesem Jahr auch einen geliebten Menschen verloren und möchtest an ihn denken. Schreibe einen Brief an diese Person. Stecke ihn in ein Kuvert, und verschließe es. Du kannst den Brief zu Hause aufbewahren oder an das Grab des Verstorbenen bringen und ihn dort ablegen oder vergraben.

Allerseelen – Seelen mal anders

Vier Tage für die Toten

Wie sehr der Tod in früheren Zeiten zum Leben dazugehörte und wie wichtig es war, der Toten zu gedenken, sieht man an der Tradition, an Allerseelen Seelenbrote zu backen. Seelen sind ein Brot aus Weizen oder Dinkel. Die Seele ist einem Baguette ähnlich – außen knusprig und innen weich. In Süddeutschland gibt es diese Brote auch heutzutage noch. Im Mittelalter wurden sie an Kinder verteilt, die durch die Straßen liefen und in der Nachbarschaft kleine Aufmerksamkeiten erbaten, oder sie wurden auf die Gräber der Verstorbenen gelegt, um diese während ihrer Anwesenheit an Allerseelen zu verköstigen.
Auch heute wird dieses alte Gebäck noch gebacken.

Hier ein Rezept:

Zutaten:
- 1000 g Mehl
- 30 g Hefe
- 20 g Salz
- 600 ml Wasser
- grobes Meersalz nach Belieben
- Kümmel nach Belieben

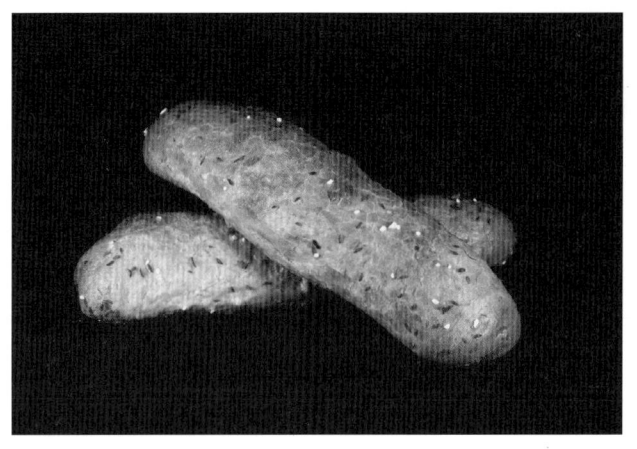

Seelenbrote

Zubereitung:

Die Hefe im Wasser auflösen. Mit allen Zutaten wird ein weicher Teig bereitet und gut geknetet. Dann sollte er 45-60 Minuten ruhen. Während dieser Ruhezeit wird der Teig noch 2-mal mit nassen Händen durchgeknetet. Nach dem letzten Durchkneten den Teig nochmals gut aufgehen lassen.
Der Backofen wird auf 240 °C vorgeheizt.
Die gesamte Teigmenge formt man zu einem ca. 15 x 30 cm breiten Strang. Mit einem Messer oder Teigschaber werden 3–5 cm breite Teigstücke abgeschnitten. Diese werden dann auf ca. 20–30 cm Länge gezogen und auf ein gefettetes oder mit Backpapier belegtes Blech gelegt. Zugedeckt die Teigstangen noch einmal gehen lassen. Dann werden sie mit Wasser bestrichen und mit grobem Salz und Kümmel bestreut.
Eine Schale Wasser wird in den Backofen gestellt, dann wird das Blech eingeschoben.
Backzeit: ca. 20–25 Minuten bei 240 °C

Backt das oben stehende Rezept nach.

Totensonntag – Gedenktag für die Verstorbenen

Vier Tage für die Toten M14

Ein Friedhof zu Allerheiligen.

Am katholischen Allerheiligen und dem ebenfalls katholischen Allerseelen und am evangelischen Totensonntag schmücken die Menschen traditionell die Gräber der verstorbenen Familienmitglieder mit Blumen und Lichtern und denken somit an sie.
An diesen Abenden herrscht dadurch eine eigenartig feierliche Stimmung auf den Friedhöfen.

Besucht mit der Lerngruppe an einem Tag kurz nach Allerheiligen oder Totensonntag den örtlichen Friedhof. Schreibt eure Beobachtungen auf dem unten stehenden Fragebogen nieder. Nehmt ein Grablicht (es kostet im Supermarkt je nach Größe ca. 0,50 €) und ein Feuerzeug oder Streichhölzer mit. Zündet euer mitgebrachtes Grablicht an, und stellt es auf ein Grab, das kein Licht hat!

Fragebogen zum Friedhofsbesuch

Was fällt euch an den Gräbern auf?
_____

Beschreibt ein Grab, das euch besonders aufgefallen ist.
_____

Was bewegt euch besonders auf einem Friedhof?
_____

Musstet ihr an einen bestimmten Menschen denken?
Wenn ihr möchtet, könnt ihr etwas darüber aufschreiben.
_____
_____

Auf den meisten Friedhöfen gibt es ein oder mehrere Grabfelder mit Gräbern gefallener Soldaten der Weltkriege. Was fällt euch dort auf?
_____

Kirchenfeste rund um Weihnachten

Volkstrauertag – Gedenktag für die Opfer von Krieg und Gewaltherrschaft

Vier Tage für die Toten

Der Volkstrauertag ist ein staatlicher Gedenktag, der zwei Wochen vor dem ersten Advent begangen wird. Er soll an die vielen Millionen Gefallenen der Kriege und an die Opfer von Gewaltherrschaft aller Nationen erinnern. Bereits nach dem 1. Weltkrieg und während des Nationalsozialismus wurde dieser Tag als Heldengedenktag begangen.

Bei der offiziellen Einführung 1952 wurde allerdings besonderen Wert darauf gelegt, dass dieser Tag ein Tag der Trauer ist. Deshalb wurde er auch ans Ende des Kirchenjahres und in die Zeit der Trauer- und Totengedenktage gelegt.

Auf Soldatenfriedhöfen werden die während eines Krieges gefallenen Soldaten beigesetzt. Diese Friedhöfe werden durch die Genfer Konvention besonders geschützt:

> „Sterbliche Überreste von Personen, die im Zusammenhang mit einer Besetzung oder während eines durch Besetzung oder Feindseligkeiten verursachten Freiheitsentzugs verstorben sind, und von Personen, die keine Angehörigen des Staates waren, in dem sie in Folge von Feindseligkeiten verstorben sind, werden geachtet; auch die Grabstätten aller dieser Personen werden nach Artikel 130 des IV. Abkommens geachtet, instand gehalten und gekennzeichnet [...]."

Quelle: Zusatzprotokoll zu den Genfer Abkommen, 8. Juni 1977

Der Soldatenfriedhof in Arlington (USA)

Lies den Text, betrachte das Bild, und beantworte die Fragen.

a) Was erkennst du auf dem Bild?
b) Woran sollen die Soldatenfriedhöfe erinnern?
c) Wozu sollen diese Friedhöfe dienen, und warum werden sie besonders geschützt?
d) Ist dieser Gedenktag heute noch gerechtfertigt?

Büßen heißt „Umkehren"

Buß- und Bettag

M 16

Archäologen haben bei Ausgrabungen zwei leider schlecht erhaltene Papyri gefunden. Es ist ihnen schnell klar, dass die Fragmente zu einem Text gehören. Sie versuchen nun, den Textzusammenhang zu klären und so den gesamten Text zu rekonstruieren.

Ein Papyrus-Fragment

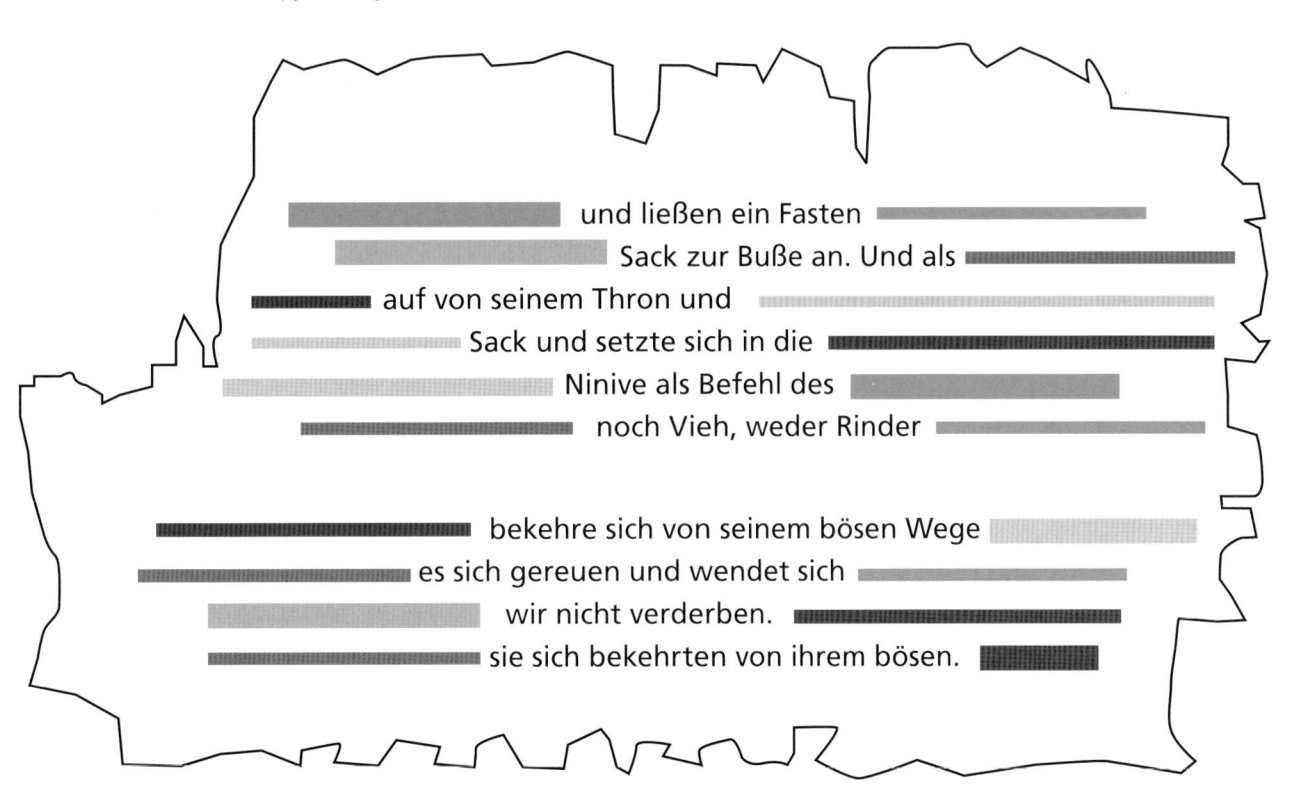

▬▬▬ und ließen ein Fasten ▬▬▬
▬▬▬ Sack zur Buße an. Und als ▬▬▬
▬▬▬ auf von seinem Thron und ▬▬▬
▬▬▬ Sack und setzte sich in die ▬▬▬
▬▬▬ Ninive als Befehl des ▬▬▬
▬▬▬ noch Vieh, weder Rinder ▬▬▬

▬▬▬ bekehre sich von seinem bösen Wege ▬▬▬
▬▬▬ es sich gereuen und wendet sich ▬▬▬
▬▬▬ wir nicht verderben. ▬▬▬
▬▬▬ sie sich bekehrten von ihrem bösen. ▬▬▬

1. **Unterstütze die Archäologen:**
   a) Um welchen Text handelt es sich?
   b) Wo kann man den genauen Wortlaut finden?
   c) Warum wurde das Fasten ausgerufen, und was hat es bewirkt?
   d) Erkläre, warum büßen „umkehren" heißt.

2. **Überlege, wie Gott die Handlungen der Menschen in Ninive beurteilen könnte, und schreibe deine Überlegungen dazu auf.**

Kirchenfeste rund um Weihnachten

Buß- und Bettag – ein Tag zum Nachdenken

Buß- und Bettag

Der Buß- und Bettag war, insbesondere früher (er ist es aber auch heute noch), immer ein Tag des Nachdenkens und „Großreinemachens" vor der Weihnachtszeit. Er soll dem Menschen helfen, seine eigene Situation und sein Leben zu überdenken und eine Neuorientierung zu schaffen.

> *„Diesmal geht es um das Wesentliche. Das, was zählt. In Deinem und Ihrem Leben, und in meinem Leben. – Da mag die Gesellschaft jammern über Wirtschaftskrise und Bankerbonis, zum hundertsten Mal die große Debatte führen, welche Werte nun die wichtigen und richtigen sind. Am Buß- und Bettag wird das alles reduziert auf eine einfache Frage: Was ist wichtig, das Wichtigste? Was zählt für Dich? –*
> *Also: Ein paar Minuten Zeit nehmen, bitte. Und die Gedanken kreisen lassen. Wenn sie zur Ruhe kommen und du dich geborgen fühlst, kannst Du sicher sein: Du hast gefunden, worauf es ankommt. Du weißt, was für Dich zählt."*

Pfarrer Christian Fischer (Internetbeauftragter der Evangelischen Kirche von Kurhessen-Waldeck) zum Buß- und Bettag 2009, Quelle: www.busstag.de

Der Buß- und Bettag ist eine Gelegenheit, über das eigene Leben nachzudenken und evtl. einen anderen Weg einzuschlagen.

1. **Gestaltet ein Plakat zum Buß- und Bettag. Was fällt euch zum Thema „Umkehr" ein?**

2. **Was zählt für euch, was ist euch wichtig? Schreibt jeder eure Gedanken auf eine Karteikarte, und heftet diese auf eine große Pinnwand oder ein leeres Plakat. Lest anschließend eure Einträge, und besprecht einzelne, für euch interessante Ansätze. Überlegt, warum diese Themen oder Ideen wichtig sind.**

Kirchenfeste rund um Weihnachten

Geschichte des Gedenktages

Buß- und Bettag

Der Buß- und Bettag ist ein Feiertag der evangelischen Kirche. Er fällt auf den Mittwoch vor dem Ewigkeitssonntag, dem letzten Sonntag des Kirchenjahres, also gegen Ende November. Seit 1995 ist er allerdings nur noch in Sachsen ein gesetzlicher Feiertag.

Gemeinsame Bußzeiten waren schon im römischen Reich bekannt. Dort wurden in Krisenzeiten den Göttern besondere Opfer dargeboten, um diese gnädig zu stimmen.

Im Jahr 1532 wurde der erste evangelische Buß- und Bettag in Straßburg gefeiert – wieder in einer Krisenzeit, denn die Türken waren nach Europa eingedrungen und bedrohten auch Straßburg.

Die Buß- und Bettage häuften sich in den folgenden Jahrhunderten, sodass es im Jahre 1878 in den deutschen Ländern 47 Bußtage gab. Ein einheitlicher Buß- und Bettag wurde erstmals 1934 von der evangelischen Kirche eingeführt. Ab 1981 war er dann gesetzlicher Feiertag in der Bundesrepublik Deutschland.

Der Sinn des Buß- und Bettages wird unterschiedlich ausgelegt. Mal sollte das Volk büßen und beten, mal wurde die Obrigkeit aufgefordert, ihr Denken zu prüfen und zu ändern.

Es ist auch heute nicht Sinn des Buß- und Bettages, für begangene Vergehen bestraft zu werden. Vielmehr soll der Mensch seine Haltung ändern und zu Gott umkehren.

> „Der Buß- und Bettag ist für evangelische Christen ein Tag der Besinnung und Neuorientierung im Leben. Der Gedenktag dient dem Nachdenken über individuelle und gesellschaftliche Irrtümer, wie beispielsweise Ausländerhass, Umweltzerstörung und die Ausgrenzung von Armen und Obdachlosen."

Quelle: www.busstag.de

1. Erkläre die Geschichte und den Sinn des Buß- und Bettages. Welche Bedeutung hat der Begriff „Buße" für diesen Feiertag?

2. Verfasse eine ganz kurze Rede, die ein Pfarrer oder Pastor zur Bedeutung des Buß- und Bettags in der heutigen Zeit halten könnte. Worüber lohnt es sich, heutzutage nachzudenken? Wo sollte die Gesellschaft ihre Haltung ändern?

Kirchenfeste rund um Weihnachten

Vom Teilen

Sankt Martin
M 19

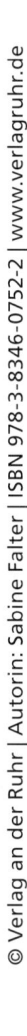

Bronzefigur eines unbekannten Künstlers
„Der Heilige Martin und der Bettler" (um 1525)

1. Sieh dir das Bild in Ruhe an. Beschreibe die abgebildete Figur nun einem Mitschüler, der das Bild nicht gesehen hat, so genau, dass er errät, wer abgebildet ist. Gehe dabei systematisch vor, und beantworte die Fragen.
   - Was siehst du?
   - Wie ist die Bronzegruppe aufgebaut?
   - Welche Gefühle oder Gedanken werden bei den dargestellten Personen deutlich?
   - Was fühlst du, oder woran denkst du beim Betrachten des Bildes?

2. Du bist mit einem Freund in einem Fastfood-Restaurant, und du hast noch einen Hamburger vor dir liegen. Aber ihr habt beide noch Hunger und kein Geld. Was macht ihr? Begründe deine Meinung. Was hätte Martin gemacht?

   Variante:
   Du gehst ins Fastfood-Restaurant. Vor der Tür steht ein bettelndes Kind und fragt, ob du ihm einen Hamburger bezahlst. Was machst du? Begründe deine Meinung. Was hätte Martin getan?

3. Was hältst du selbst vom Teilen? Teilst du oft Dinge mit anderen? Mit wem teilst du? Was hält dich vielleicht auch davon ab, zu teilen?

Kirchenfeste rund um Weihnachten

Das Teilen des Mantels

Sankt Martin

Die Legende des Mantelteilens ist eine der wichtigen Geschichten aus dem Leben des Heiligen Martin von Tours. Sie wird auch heute noch oft bei den Laternenumzügen, die immer um den 11. November stattfinden, aufgeführt.

1. Lies die einzelnen Sätze des Textpuzzles aufmerksam durch, und nummeriere die korrekte Reihenfolge. Der erste Satz ist bereits vorgegeben. Schneide anschließend die Sätze aus, und klebe sie in der richtigen Reihenfolge auf.

1	Es geschah an einem Wintertag.
	der mit dem Stück des Mantels gekleidet war,
	Der war nackt,
	Und Christus sprach zu den Engeln, die um ihn herum standen:
	Martin ritt durch das Stadttor der Stadt Amiens,
	und teilte seinen dicken Soldatenmantel
	das er dem armen Bettler gegeben hatte.
	Da verstand Martin:
	die andere Hälfte legte er sich selbst wieder um.
	da begegnete ihm ein alter, frierender Bettler.
	und niemand hatte ihm ein Almosen gegeben.
	mit diesem Kleid gekleidet.
	in zwei Teile.
	Und er zog sein Schwert aus der Scheide
	Die eine Hälfte gab er dem frierenden Mann,
	In der folgenden Nacht erschien ihm Jesus Christus,
	Martin hat mich
	Diesem Bettler sollte er helfen.

2. Stelle dir vor, dass dir in einer ausweglosen Situation jemand einen riesigen Gefallen tut. Schreibe in einem Brief auf, wie du dich fühlst und welche Gedanken dir durch den Kopf gehen.

3. Die Szene des Mantelteilens ist vielen bekannt. Schreibe mit einem Partner einen kurzen Dialog zwischen Martin und einem Freund. Martin berichtet dabei von seinem Erlebnis, und der Freund kommentiert. Spielt die Szene vor.

Kirchenfeste rund um Weihnachten

Andere Legenden aus Martins Leben

Sankt Martin

Suche im Gitterrätsel acht Begriffe aus Martins Leben, und füge diese an die passenden Stellen in den Lückentext (Martinslegende) ein.

A	B	E	D	S	A	S	T	T	O	U	R	S	C	H
N	E	R	G	T	Z	L	K	M	Ä	S	E	R	G	B
B	R	A	U	C	H	E	H	A	F	E	R	G	Ä	D
I	Ü	S	P	A	R	G	E	R	G	A	V	H	N	E
S	C	H	Ü	G	E	E	R	T	Ä	L	L	Ö	S	R
C	D	E	R	T	Z	N	H	I	N	S	E	F	E	T
H	I	L	F	D	A	D	B	N	E	G	Ä	N	S	E
O	Ü	U	C	H	T	E	E	S	J	Ü	M	T	T	G
F	I	N	N	G	E	R	W	G	Ö	C	H	T	A	E
S	A	L	E	W	A	L	I	A	S	P	A	T	L	R
A	B	W	R	T	Ü	G	E	N	D	Ä	E	T	L	Z
M	Ä	N	S	A	G	R	R	S	C	H	A	R	W	H
T	I	B	E	Ä	S	R	D	D	E	R	B	H	U	C
D	O	Ü	R	C	E	I	M	I	D	E	R	T	J	H
E	R	S	T	Z	U	L	O	P	G	A	N	F	E	I

Martin und die _____

Eine _____ berichtet, dass Martin im Jahr 371 in der

Stadt _____ von den Einwohnern zum Bischof ernannt

werden sollte. Martin, der sich des Amtes _____

empfand, habe sich in einem _____ versteckt.

Die aufgeregt schnatternden Gänse verrieten aber seine Anwesenheit,

und er musste das _____ annehmen.

Davon leitet sich der heutige _____ des Essens einer

_____ ab.

Kirchenfeste rund um Weihnachten

Eine Kirche braucht ein Kirchenfenster

Sankt Martin — M 22

Die katholischen Kirchen sind Heiligen oder biblischen Personen geweiht. Deshalb sind Kirchen oft mit bunten Fenstern geschmückt, die Ereignisse aus dem Leben dieser Personen darstellen.

Ein Kirchenfenster mit abgebildeten Heiligen

Gestalte ein Kirchenfenster für die Kirche „Sankt Martin", das eine Szene aus dem Leben des Heiligen Martin zeigt. Gib anschließend einige Tropfen Öl auf ein Papiertaschentuch, und reibe die Rückseite des Bildes damit ein. Dein Bild wird dann durchscheinend wie ein Kirchenfenster, und du kannst es mit einem Klebestreifen am Fenster befestigen.

Mein Kirchenfenster für die Kirche Sankt Martin

Kirchenfeste rund um Weihnachten

Advent – das ist typisch!

Advent

Die Adventszeit in aller Welt ist geprägt durch typische Gegenstände und Bräuche. Dabei haben sich in verschiedenen Ländern auch verschiedene Traditionen gebildet.

1. a) Welcher typische Adventsbrauch wird durch die Bilder symbolisiert?
   b) Welche Bedeutung haben sie für dich?
   c) Kennst du weitere typische Adventsbräuche?
   d) Welche Bräuche habt ihr bei euch zu Hause selbst?

2. Gestaltet mit Bildern und Texten ein Plakat, das für euch Weihnachten darstellt.

Kirchenfeste rund um Weihnachten

Advent – was ist das?

Advent

Die Adventszeit ist eine besondere Zeit des Jahres. Am 1. Advent beginnt für alle Christen nicht nur das neue Kirchenjahr, sondern der Advent ist schon seit dem 7. Jahrhundert die Zeit der Vorbereitung auf das Weihnachtsfest, also auf die Feiern zur Geburt von Jesus Christus.

Die Adventszeit erfüllt viele Aufgaben. Sie soll eine Zeit der Einkehr und der Stille, der Vorfreude und der Erwartung sein. Man bereitet sich auf die „Ankunft" bzw. Geburt von Jesus Christus vor.

Nach dem Totensonntag soll für vier Wochen Raum sein, sich auf das Weihnachtsfest einzustimmen. Ursprünglich war diese Vorbereitungszeit mit einer 40-tägigen Fastenzeit verbunden, die vom Martinstag, dem 11. November, bis zum Erscheinungstag, dem 6. Januar, reichte. (In den verschiedenen Fastenzeiten werden die Samstage und die Sonntage nicht als Fastentage angesehen.) Diese Fastenzeit wird als Philippus-Fasten heute noch in den orthodoxen Kirchen eingehalten. Sie soll dazu dienen, Körper, Geist und Seele zu reinigen und sich würdig auf die besonderen Festtage vorzubereiten.

Im Laufe der Zeit haben sich viele Adventsbräuche ausgebildet, die in einzelnen Gegenden, und vielleicht auch in euren Familien, noch praktiziert werden. So kennt ihr bestimmt den Adventskalender, das Adventsbacken, den Adventskranz, die Weihnachtsmärkte und das Adventssingen.

In den letzten Jahren hat sich allerdings diese Vorbereitungszeit sehr verändert. Heute findet ihr oft schon im September in den Geschäften die ersten Weihnachtsplätzchen oder Adventskalender, oft werden bereits kurz nach Sankt Martin die Häuser und Straßen in den Städten weihnachtlich geschmückt, und in den Geschäften werden spätestens mit dem Beginn des Dezembers Weihnachtslieder gespielt.

1. a) Erkläre den Unterschied zwischen der Adventszeit heute und früher. Warum wurde in der Adventszeit früher gefastet?
   b) Erkläre die genannten Adventsbräuche.
   c) Welche werden auch bei euch in den Familien oder in der Gegend noch begangen?
   d) Warum kritisieren viele Menschen heutzutage den frühen Beginn der Adventszeit? Was meinst du selbst dazu?

2. Wie bereitet ihr euch auf die Ankunft eines gern gesehenen Gastes vor? Entwerft ein Rollenspiel mit drei Personen, und spielt dieses vor. Vergleicht eure Darstellungen mit den Erwartungen, die die Adventszeit als Vorbereitung der „Ankunft" von Jesus Christus in den Menschen weckt.

Kirchenfeste rund um Weihnachten

Nikolaus – ein Bischof aus der Türkei

Nikolaus M 25

Am 6. Dezember wird im Christentum jedes Jahr der Nikolaustag gefeiert. Das ist ein Tag, der besonders für die Kinder spannend ist, denn der Nikolaus bringt schließlich Geschenke.

Der Nikolaustag soll an Bischof Nikolaus, der in der türkischen Stadt Myra lebte und für seine Mildtätigkeiten und Hilfen für die Bevölkerung bekannt war, erinnern. Durch sein Wirken sind vielfältige Legendenbildungen um seine Person herum entstanden, die im Laufe der Jahrhunderte dazu führten, dass er als einer der wichtigsten Heiligen angesehen wurde. Weil Nikolaus damals vielen armen Menschen half, indem er unter anderem sein Vermögen an sie verteilte, besteht auch der heutige Brauch, dass die Kinder Süßigkeiten und kleine Geschenke am Nikolaustag bekommen, die der Nikolaus – so die Geschichte – in der Nacht in den Flur oder vor die Tür stellt.

1. **Recherchiere im Internet, oder interviewe deine Eltern und Verwandten: Was wissen deine Gesprächspartner über den Heiligen Nikolaus von Myra? Welche Legende über ihn gefällt dir besonders? Gib sie wieder. Folgende Internetadresse kann dir helfen:** www.heiligenlexikon.de

_____

_____

_____

_____

_____

_____

_____

_____

_____

2. **Mache es dem Nikolaus nach. Ziehe aus einem Topf mit Zetteln, auf denen die Namen deiner Mitschüler stehen, einen Zettel. Fülle eine kleine Tüte, z.B. eine Frühstückstüte, mit kleinen Überraschungen, Schokoriegeln, Kaugummi, Nüssen o.Ä., und verschließe sie mit einem bunten Geschenkband. Überlege vorher, worüber die beschenkte Person sich freuen würde und welche Süßigkeiten sie besonders gerne mag. Schreibe anschließend einen anonymen Gruß auf eine kleine Karte.**

Kirchenfeste rund um Weihnachten

Nikolaus und Knecht Ruprecht – auch ein Heiliger hat Helfer

Nikolaus

In vielen Ländern Europas wird in den Legenden der gütigen und wohlwollenden Gestalt des Nikolaus noch ein Furcht einflößender Begleiter zur Seite gestellt – der „Knecht Ruprecht", „Krampus" oder „Zwarte Piet". Dieser begleitet den Nikolaus, wenn er am Nikolausabend von Haus zu Haus zieht und den Kindern Geschenke bringt. Der deutsche Dichter Theodor Storm hat ein berühmtes Gedicht über den Knecht Ruprecht geschrieben.

Knecht Ruprecht von Theodor Storm (1817–1888)

[...]
Von drauß' vom Walde komm ich her;
Ich muß euch sagen, es weihnachtet sehr!
Allüberall auf den Tannenspitzen
Sah ich goldene Lichtlein sitzen;
Und droben aus dem Himmelstor
Sah mit großen Augen das Christkind hervor;
Und wie ich so strolcht' durch den finstern Tann,
Da rief's mich mit heller Stimme an:
»Knecht Ruprecht«, rief es, »alter Gesell,
Hebe die Beine und spute dich schnell!
Die Kerzen fangen zu brennen an,
Das Himmelstor ist aufgetan,
Alt' und Junge sollen nun
Von der Jagd des Lebens einmal ruhn;
Und morgen flieg ich hinab zur Erden,
Denn es soll wieder Weihnachten werden!«
Ich sprach: »O lieber Herre Christ,
Meine Reise fast zu Ende ist;
Ich soll nur noch in diese Stadt,
Wo's eitel gute Kinder hat.«
- »Hast denn das Säcklein auch bei dir?«
Ich sprach: »Das Säcklein, das ist hier:
Denn Äpfel, Nuß und Mandelkern
Essen fromme Kinder gern.«
- »Hast denn die Rute auch bei dir?«
Ich sprach: »Die Rute, die ist hier;
Doch für die Kinder nur, die schlechten,
Die trifft sie auf den Teil, den rechten.«
Christkindlein sprach: »So ist es recht;
So geh mit Gott, mein treuer Knecht!«

Von drauß' vom Walde komm ich her;
Ich muß euch sagen, es weihnachtet sehr!
Nun sprecht, wie ich's hierinnen find!
Sind's gute Kind, sind's böse Kind?
[...]

1. **Lies das Gedicht, und erläutere, welche Aufgabe der Knecht Ruprecht in Theodor Storms Gedicht hat.**

2. **Schlüpfe in die Rolle des Knechts Ruprecht, und schildere in einem Tagebucheintrag deine Eindrücke des Nikolausabends.**

Kirchenfeste rund um Weihnachten

Nikolaus und sein besonderes Buch

Nikolaus

Der Nikolaus von Myra wird oft mit einem Buch dargestellt. Auch bei den Nikolausbesuchen für die Kinder hat ein großes, dickes Buch eine besondere Bedeutung. In ihm sind die guten und die schlechten Taten der Kinder verzeichnet, die sie im letzten Jahr begangen haben. Für diese Taten lobt oder tadelt der Nikolaus die Kinder bei seinen Besuchen. Dies soll auch dazu dienen, dass die Kinder über ihre Taten im letzten Jahr nachdenken und ihr Verhalten eventuell in Zukunft ändern.

1. Überlege dir Dinge, die du im vergangenen Jahr gut gemacht hast, auf die du stolz bist, die anderen eine Freude gemacht haben. Fallen dir auch Dinge ein, die nicht so gut gelungen sind oder mit denen du andere Menschen traurig gemacht hast?

Das ist mir in diesem Jahr gelungen:

Das ist mir in diesem Jahr nicht gelungen:

2. Schneide aus Zeitungen und Zeitschriften Überschriften aus, und erstelle daraus ein Gedicht zum Thema „Nikolaus". Klebe dein Gedicht auf, verziere es evtl. noch, und lies es anschließend vor.

Kirchenfeste rund um Weihnachten

Der Heilige Abend – ein besonderer Geburtstag

Heiligabend

Der Heilige Abend ist im Christentum geprägt durch die Erinnerung an die Geburt eines Kindes, Gottes Sohn. Dieses Kind wird Jesus genannt. Der Heilige Abend ist eigentlich der Vorabend des Weihnachtsfestes, hat sich aber in den letzten Jahrzehnten immer mehr zum eigentlichen Festtag an Weihnachten entwickelt. Der Tag sieht meist so aus, dass im Laufe des Vormittages die letzten Vorbereitungen für den Nachmittag oder Abend getroffen werden. Dann nämlich besucht man mit seiner Familie häufig einen Gottesdienst, anschließend werden im Familienkreis die Geschenke verteilt und ein Festessen eingenommen. Manchmal gehen die Familienmitglieder auch in einen Mitternachtsgottesdienst und beschließen so den Heiligen Abend. Trotz aller Gottesdienste, Geschenke und Festessen ist dieser Tag der Geburt Jesu Christi gewidmet. Gerade die vielen Geschenke und kommerziellen Weihnachtsartikel, die in der gesamten Weihnachtszeit überall zu sehen und zu kaufen sind, verstellen häufig den Blick auf den eigentlichen Anlass des Festes, nämlich die Geburt Jesu Christi.

1. Heute ist es üblich, die Geburt eines Kindes öffentlich mit einer Anzeige in der Tageszeitung zu verkünden. Schlüpfe in die Rolle von Josef und Maria, und veröffentliche eine Geburtsanzeige für Jesus, die deine Hoffnungen und Wünsche für dein Kind zum Ausdruck bringt. Denke daran, welche Angaben du in die Anzeige aufnehmen willst, und gestalte sie nach deinen Vorstellungen.

2. a) Was ist für dich selbst am Weihnachtsfest/Heiligabend wichtig? Woran denkst du zu diesem Fest?
   b) Kannst du nachvollziehen, dass all die Geschenke und Weihnachtsartikel, die es rund um das Fest zu kaufen gibt, den Blick der Menschen vom eigentlichen Anlass des Festes ablenken? Wie geht es dir selbst? Ist für dich Heiligabend auch vornehmlich mit Geschenken verbunden? Und wenn ja, findest du das schlimm und würdest etwas daran ändern wollen?

Kirchenfeste rund um Weihnachten

Der Heilige Abend – und ein besonderer Mann

Heiligabend

Die klassische Weihnachtsgeschichte des Lukasevangeliums (in Kapitel 2) ist vielen bekannt. Sie wird in jedem Weihnachtsgottesdienst vorgelesen oder in den Kindergottesdiensten von Kindern der Gemeinde vorgespielt. Dabei werden einzelne Personen, mal ist es Maria, mal ein Engel, mal einer der Hirten, besonders in den Mittelpunkt des Geschehens gerückt.
Selten wird jedoch auf Josef geachtet.
Was ist das für ein Mann? Er bleibt bei einer Frau, die von einem anderen schwanger ist. Er hätte jeden Grund gehabt, diese Frau zu verlassen. Nach damaligem Recht hätte er sie töten lassen können. Er entscheidet sich jedoch anders.

Gaetano Gandolfi: Josefs Traum (1790)

Suche mit Hilfe einer Konkordanz die Weihnachtsgeschichte im Lukasevangelium, und lies sie. Suche in der Bibel anschließend nach einer zweiten Stelle, die über Ereignisse rund um die Geburt von Jesus berichtet. Vergleiche die Stellen, und finde die Unterschiede heraus. Warum entscheidet sich Josef, Maria trotz ihrer Schwangerschaft aufzunehmen und das Kind als seines anzunehmen?

Tipp:
Um eine Bibelstelle zu finden, von der man nur ein Stichwort, z.B. „Geburt Christi" oder „schwanger", kennt, benötigt man das Stichwortverzeichnis der Bibel, eine Konkordanz. Manchmal findet sich auch in der Bibel selbst ein Hinweis auf eine zweite vergleichbare Stelle. Dann steht diese Angabe als kleine Einfügung im Bibeltext selbst. Schlage in einer Konkordanz und in der Bibel nach, um diese zweite Stelle zur Geburt von Jesus zu finden.
Auch das Bild von Gaetano Gandolfi kann dir bei der Beantwortung der Frage helfen. Betrachte es genau! Welche Figuren erkennst du?

Kirchenfeste rund um Weihnachten

Das Märchen vom Auszug aller „Ausländer" 1/2

Heiligabend

„Es war einmal ...", so beginnt das Märchen „Von denen, die auszogen, weil sie das Fürchten gelernt hatten."

Es war einmal, drei Tage vor Weihnachten, spät abends. Über den Marktplatz der Stadt kamen ein paar Männer gezogen. Sie blieben bei der Kirche stehen und sprühten auf die Mauer 'Ausländer raus' und 'Deutschland den Deutschen'. Steine flogen in die Fenster des türkischen Ladens gegenüber der Kirche. Dann zog die Horde ab. Gespenstische Ruhe. Die Gardinen an den Bürgerhäusern waren schnell wieder zugefallen. Niemand hatte etwas gesehen.

„Los, kommt, es reicht uns, wir gehen!"

„Wo denkst du hin! Was sollen wir da unten im Süden?"

„Da unten? Das ist immerhin unsere Heimat. Hier wird es immer schlimmer. Wir tun, was an der Wand steht: ‚Ausländer raus'!"

Tatsächlich, mitten in der Nacht kam Bewegung in die kleine Stadt. Die Türen der Geschäfte sprangen auf: Zuerst kamen die Kakaopäckchen heraus mit den Schokoladen und Pralinen in ihren Weihnachtsverkleidungen. Sie wollten nach Ghana und Westafrika, denn da waren sie zu Hause. Dann der Kaffee, palettenweise, der Deutschen Lieblingsgetränk; Uganda, Kenia und Lateinamerika waren seine Heimat. Ananas und Bananen räumten ihre Kisten, auch die Trauben und die Erdbeeren aus Südafrika. Fast alle Weihnachtsleckereien brachen auf, Pfeffernüsse, Spekulatius und Zimtsterne, denn die Gewürze in ihrem Inneren zog es nach Indien. Der Dresdner Christstollen zögerte. Man sah Tränen in seinen Rosinenaugen, als er zugab: Mischlingen wie mir geht's besonders an den Kragen. Mit ihm kamen das Lübecker Marzipan und der Nürnberger Lebkuchen. Nicht Qualität, nur Herkunft zählte jetzt. Es war schon in der Morgendämmerung, als die Schnittblumen nach Kolumbien aufbrachen und die echten Pelzmäntel mit Gold und Edelsteinen an ihrer Seite in teuren Chartermaschinen in alle Welt starteten.

Der Verkehr brach an diesem Tag zusammen. Lange Schlangen japanischer Autos, vollgestopft mit Optik und Unterhaltungselektronik krochen gen Osten. Am Himmel sah man die Weihnachtsgänse nach Polen fliegen, auf ihrer Bahn gefolgt von den feinen Seidenhemden und den Teppichen aus dem fernen Asien.

Kirchenfeste rund um Weihnachten

Das Märchen vom Auszug aller „Ausländer"

Heiligabend

Mit Krachen lösten sich die tropischen Hölzer aus den Fensterrahmen und schwirrten zurück ins Amazonasbecken. Man musste sich vorsehen, um draußen nicht auszurutschen, denn von überall her quollen Öl und Benzin hervor, flossen zu Bächen zusammen und strömten in Richtung Naher Osten.

Doch man hatte bereits Vorsorge getroffen. Stolz holten die großen deutschen Autofirmen ihre Krisenpläne aus den Schubladen: Der alte Holzvergaser war ganz neu aufgelegt worden. Wozu ausländisches Öl?!
– Aber es half nichts, die VW's und die BMW's begannen, sich aufzulösen in ihre Einzelteile, das Aluminium wanderte nach Jamaika, das Kupfer nach Somalia, ein Drittel der Eisenteile nach Brasilien, der Naturkautschuk nach Zaire. Und die Straßendecke hatte mit dem ausländischen Asphalt im Verbund auch immer ein besseres Bild abgegeben als heute.

Nach drei Tagen war der Spuk vorbei, der Auszug geschafft, gerade rechtzeitig zum Weihnachtsfest. Nichts Ausländisches war mehr im Land. Aber Tannenbäume gab es noch, auch Äpfel und Nüsse. Und „Stille Nacht" durfte gesungen werden – wenn auch nur mit Extragenehmigung, das Lied kam immerhin aus Österreich.

Nur eines wollte nicht so recht ins Bild passen. Maria, Josef und das Kind waren geblieben. Drei Juden. Ausgerechnet.

Quelle: Helmut Wöllenstein: Das Märchen vom Auszug aller „Ausländer",
in „Zuspruch am Morgen" (Hess. Rundfunk) vom 20.12.1991
Online Verfügbar unter: www.platinnetz.de/gruppe/oh-du-froehliche/thema/146971

Dem Märchen fehlt der Schluss-Satz. Schreibe ein Ende! Stelle deinen Schluss vor, vergleiche ihn in der Klasse mit deinen Mitschülern, und wählt den passendsten aus. Warum habt ihr euch für diese Variante entschieden?

Kirchenfeste rund um Weihnachten

Geschenke – Geschenke!

Heiligabend

Eigentlich war es nur ein Geschenk, das die Menschen am Heiligen Abend erhielten. Der Sohn Gottes wurde ihnen geschenkt. Aus diesem Grunde gibt es eigentlich auch die Weihnachtsgeschenke: Man schenkt anderen Menschen etwas, weil man ihnen selbstlos eine Freude machen möchte – genau wie Gott den Menschen seinen Sohn geschenkt hat. Aus diesem Ereignis hat sich in den letzten Jahrzehnten allerdings eine Tradition entwickelt, die vom Schenken, dem freiwilligen Weggeben eines Gegenstandes oder einer Handlung, ohne dafür eine Gegenleistung zu verlangen, abrückte. Heute ist Schenken oft zu einer Art Zwang geworden. Jeder versucht, den anderen bei den Geschenken zu übertrumpfen. Die Wünsche werden groß und größer. Nicht zuletzt deswegen boomt die „Weihnachtsindustrie". Es gibt nicht nur zahlreiche Dekorationsartikel und Weihnachtsaccessoires, auch die Wirtschaft erlebt zu Weihnachten einen Aufschwung, weil immer mehr und immer teurere Geschenke gekauft werden.

Es gibt aber auch Dinge, die man schenken kann, die nichts kosten und trotzdem zeigen, dass man an den anderen denkt und ihn erfreuen will, denn: „Die Kunst des Schenkens liegt darin, einem Menschen etwas zu geben, was er sich nicht kaufen kann." (Alan A. Milne, brit. Schriftsteller, 1882–1956)

Gestalte ein Geschenke-ABC mit Dingen, die nichts oder nur wenig kosten, die aber trotzdem Freude bereiten. Gestalte dieses ABC, und hänge es im Klassenraum auf. So haben du und deine Klassenkameraden immer tolle Geschenkideen.

A _____

B _____

C _____

D _____

E – Einladung zum Essen

F _____

G _____

H _____

I _____

J _____

K _____

L _____

M _____

N _____

O – Ordnung machen im Kinderzimmer

P _____

Q _____

R _____

S _____

T _____

U _____

V _____

W _____

X _____

Y _____

Z _____

Eine Umfrage zu Heiligabend

Heiligabend M 32

Viele Menschen weltweit feiern Weihnachten, d.h., dass es auch unzählig viele Varianten gibt, diese Weihnachtsfeiertage zu begehen.

Stelle dir vor, ein Meinungsforschungsinstitut möchte von dir wissen, wie du die Weihnachtsfeiertage begehst. Beantworte ihre Fragen möglichst genau.

Wie verbringst du den Heiligen Abend?
_____
_____

Was tust du am 25.12.?
_____
_____

Was tust du am 26.12.?
_____
_____

Worauf freust du dich an den Weihnachtstagen besonders?
_____
_____

Worauf freust du dich an den Weihnachtstagen gar nicht?
_____
_____

Was ist an deinem Heimatort typisch für Weihnachten?
_____
_____

Gibt es einen speziellen Brauch o.Ä., den ihr zu Weihnachten begeht?
_____
_____

Was vermisst du an Weihnachten?
_____
_____

Kirchenfeste rund um Weihnachten

Die Weihnachtstage – Jeder feiert anders!

Die Weihnachtstage M33

Der Heilige Abend und die Weihnachtsfeiertage sind in vielen Ländern ein Feiertag, aber sie werden auf ganz unterschiedliche Art und Weise begangen. Die Bräuche sind dabei sehr mannigfaltig. Allen Feierlichkeiten ist jedoch gemeinsam, dass es Feste der Freude (über die Geburt Jesu Christi) sind.

a) Suche dir einen Partner, und recherchiert im Internet nach den Weihnachtsbräuchen in folgenden Ländern.
Diese Internetadressen können dir dabei helfen:
www.wikipedia.de
www.oew.org/de/archiv_news.php?id=231&arch_id=1&annorum=2004
www.netzwissen.com/gesellschaft-politik/weihnachtsbraeuche-weltweit.php

b) Was fällt euch auf? Wo liegen Gemeinsamkeiten, wo gibt es Unterschiede?

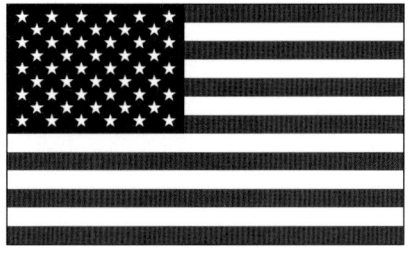

USA

Südkorea

Argentinien

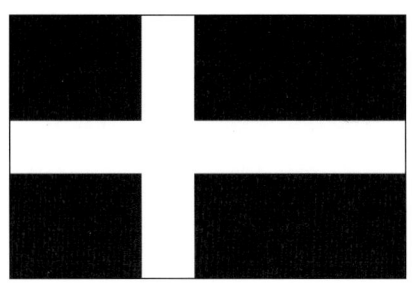

Spanien

Schweden

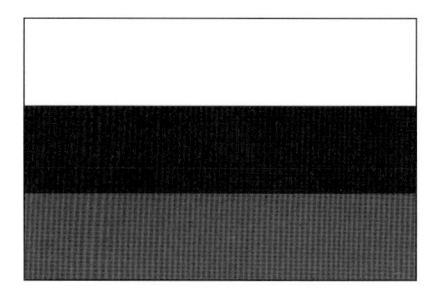

Russland

Australien

Kirchenfeste rund um Weihnachten

Die Weihnachtstage – und ihre Bedeutung heute, in 10, 20 oder 30 Jahren

Die Weihnachtstage

1. a) Was bedeutet heute Weihnachten für dich?
   Welche Begriffe fallen dir ein, wenn du an Weihnachten denkst?
   Sammle deine Ideen, und schreibe ein Elfchen* darüber.
   b) Wie sieht Weihnachten wohl für dich in 10, 20 oder 30 Jahren aus?

Zeile	Wörter	Inhalt	Mein Elfchen
1	1	Ein Gedanke, ein Gegenstand, eine Farbe, ein Geruch o.Ä.	
2	2	Was macht das Wort aus Zeile 1?	
3	3	Wo oder wie ist das Wort aus Zeile 1?	
4	4	Was meinst du?	
5	1	Fazit: Was kommt dabei heraus?	

2. a) Gestaltet ein Wortplakat für eure ganze Lerngruppe! Darauf sollen die fünf wichtigsten Wörter, die euch zum Weihnachtsfest einfallen, herausgestellt werden. Dazu schreibt jeder von euch nacheinander auf ein großes Plakat die fünf Wörter, die er für die wichtigsten hält. Sollte eines eurer Wörter schon da stehen, kennzeichnet ihr es durch ein Sternchen.
   b) Welche Wörter haben die meisten Sterne? Warum sind gerade diese Wörter ausgewählt worden? Diskutiert über das Wortplakat und eure Auswahl in der Klasse. Überlegt auch, was eure Wortauswahl darüber aussagt, wie ihr Weihnachten feiert und was ihr mit diesem Fest in Verbindung bringt.

---

* Ein Elfchen ist ein kurzes Gedicht in einer vorgegebenen Form. Es besteht aus elf Wörtern, die auf fünf Zeilen verteilt werden. Dabei folgt die Wortverteilung dem oben in der Abbildung angegebenen Schema.

Kirchenfeste rund um Weihnachten

Glück und Segen im Neuen Jahr

Silvester und Neujahr

M 35

„Viel Glück im Neuen Jahr" – Dieser Spruch steht auf vielen Silvester- oder Neujahrskarten, und keiner zweifelt diesen Wunsch an.

Der 31.12., der Silvestertag, ist traditionell der Tag der Glücksbringer und Glückssymbole. Das sind meist nicht alltägliche Gegenstände, die Glück, Gesundheit, ein langes Leben oder Wohlstand verheißen sollen.

Auch mit einer aufwändigen Suche ist es oft unmöglich, diese Gegenstände zu finden. Daher werden nicht nur die Gegenstände selbst, sondern auch deren Abbildungen als glücksbringend angesehen und an Silvester z.B. zum Dekorieren benutzt oder als beliebtes Motiv einer Neujahrskarte ausgewählt. Dazu wird oft ein Segenswunsch für das Neue Jahr ausgesprochen.

Auch die Wörter „Prosit" oder „Prost", mit denen man z.B. auch auf das Neue Jahr anstößt, bedeuten so viel wie „Es möge gelingen!" und drücken den Wunsch nach Erfolg und Glück im kommenden Jahr aus.

1. a) **Welche Glückssymbole kennst du? Woher kommt ihre Bedeutung? Recherchiere im Internet oder in einem Lexikon.**
   Folgende Internetseiten können bei der Recherche helfen:
   http://de.wikipedia.org/wiki/Glückssymbol

Glückssymbole	Bedeutung
Schornsteinfeger	

b) **Hast du selbst vielleicht ein ganz persönliches Glückssymbol? Was bedeutet dieses Symbol, wo kommt es her, und warum ist es für dich persönlich wichtig?**

2. **Suche ein Symbol aus, und zeichne eine Neujahrskarte mit diesem Symbol.**

3. **Manchmal siehst du am Silvesterabend deine Freunde nicht. Schreibe eine SMS mit einem besonderen Neujahrswunsch an deinen besten Freund.**

4. **„Urbi et orbi" ist ein besonderer Segen in der katholischen Kirche. Recherchiere, was er bedeutet.**

Kirchenfeste rund um Weihnachten

Der 31.12. – ein Gedenktag für wen?

Silvester und Neujahr

Jeder kennt den Namen des Heiligen, der an diesem Tag seinen Namenstag begeht – Papst Silvester I. Allerdings wissen nur wenige etwas über die Figur des Heiligen Silvester. Er hat dem letzten Tag des Jahres seinen Namen gegeben, weil er am 31.12.335 in Rom starb. Er ist der erste Heilige, der keinen Märtyrertod erleiden musste.

Zwei wichtige Ereignisse fallen in seine Amtszeit oder sind maßgeblich auf ihn zurückzuführen:

- Er war mit dafür verantwortlich, dass das Christentum zur Staatsreligion erhoben wurde.
- Er soll den römischen Kaiser Konstantin I. von einer schrecklichen Krankheit befreit haben.

Warum allerdings sein Namenstag der letzte Tag des Jahres ist, hat ganz andere Gründe, denn erst im Jahr 1582 wurde durch Papst Gregor XIII. eine Kalenderreform durchgesetzt, die den 31.12. als letzten Tag des Jahres festlegte und mit dem Monat Januar (lat. ianus = Durchgang, Tor) ein neues Jahr beginnen ließ. Auch andere wichtige Änderungen traten mit diesem neuen Kalender, dem gregorianischen Kalender, in Kraft. Der gregorianische Kalender ist noch heute weltweit gültig.

Papst Silvester I.

1. **Recherchiere in einem Heiligenlexikon: Was kannst du über Silvester I. herausfinden?**

2. **Recherchiere im Internet. Was ist der gregorianische Kalender? Folgende Internetadressen können dir helfen:**
   www.silvestergruesse.de/1-1-grundlagen-zeitrechnung/index.html
   http://de.wikipedia.org/wiki/Gregorianischer_Kalender

Gute Vorsätze für das Neue Jahr

Silvester und Neujahr

Jedes Jahr am Silvester- oder am Neujahrstag überlegen Menschen sich „gute Vorsätze", die sie sich für das neue Jahr vornehmen. Manche wollen mit dem Rauchen aufhören, andere wollen nicht mehr so viel vor dem Computer sitzen, wieder andere möchten mehr Zeit mit der Familie verbringen.

1. Überlege dir drei Vorsätze für das neue Jahr, die du einhalten möchtest. Schreibe diese Vorsätze in Schönschrift in den Rahmen, und hänge sie zur Erinnerung in deinem Zimmer auf.

   Meine Vorsätze für das neue Jahr

2. Findest du es sinnvoll, sich für ein neues Jahr Vorsätze zu überlegen? Oder kann man genauso gut auch an jedem anderen Tag beschließen, etwas in seinem Leben zu verändern? Diskutiere mit einem Partner darüber.

Kirchenfeste rund um Weihnachten

Meine Lebensuhr

Silvester und Neujahr

Die Uhr ist ein wichtiges Utensil während der Silvesternacht.
Mit ihrer Hilfe wird genau aufgepasst, wann das Neue Jahr beginnt.

**Stelle dir vor, dass dein Leben genau zwölf Stunden umfasst:
Wie spät ist es in deinem Leben? Überlege genau, und begründe
deine Antwort. Vervollständige anschließend die Sätze, und überlege,
was dir zu den Zeitpunkten in deinem Leben einfällt.**

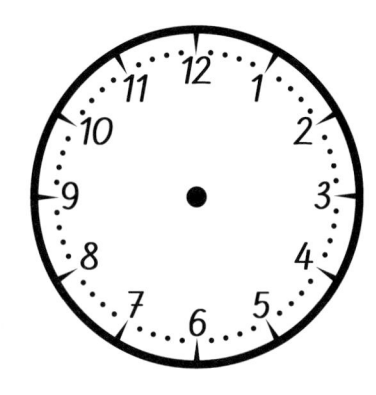

Begründe, warum du deine Lebensuhrzeit so eingetragen hast:

_____
_____
_____
_____
_____

Mein Leben:

Es ist zu spät, um _____

Es ist zu früh, um _____

Es ist der richtige Zeitpunkt, um _____

Es ist noch nicht spät genug, um _____

Ich brauche noch Zeit, um _____

Es ist der richtige Zeitpunkt, um _____

Um _____ Uhr will ich, dass _____

Kirchenfeste rund um Weihnachten

Wie die Heiligen Drei Könige nach Köln kamen

Heilige Drei Könige

Um die Heiligen Drei Könige ranken sich viele Legenden, da nichts Genaues über diese Männer bekannt ist. Meist wird gesagt, dass sie „Weise aus dem Morgenland" seien. Die Bibel (Mt 2,1-12) berichtet zwar kurz, dass weise Männer zum neugeborenen Jesus kamen, um diesem zu huldigen. Aus dieser Quelle ist aber nicht bekannt, woher genau diese Männer kamen, wie sie hießen oder welche Berufe sie hatten. Allerdings kann man viele Legenden finden, die sich mit den Heiligen Drei Königen beschäftigen. Unten findest du eine davon.

Die Legende, wie die Heiligen Drei Könige nach Köln kamen:

> *Im Jahr 1161 belagerte Kaiser Friedrich Barbarossa die Stadt Mailand, in der seit über 700 Jahren die Gebeine der Heiligen Drei Könige aufbewahrt wurden. Der Bürgermeister der Stadt organisierte den Widerstand, und der Kaiser war über ihn so verärgert, dass er diesen hängen lassen wollte, sobald die Stadt erobert sei.*
>
> *Rainald von Dassel, damaliger Erzbischof von Köln und gleichzeitig auch Kanzler des Kaisers, erfuhr, in welchem kleinen Kloster die kostbaren Reliquien der Heiligen Drei Könige aufbewahrt wurden und dass die Äbtissin dieses Klosters die Schwester des Bürgermeisters sei.*
>
> *Sie bot Rainald an, dass er die Reliquien erhalten würde, wenn er das Leben ihres Bruders rette. So erbat sich Rainald nach Erstürmung der Stadt als Lohn von Kaiser Barbarossa nur das, was die Äbtissin auf ihren Schultern aus der Stadt tragen werde. Der Kaiser war überrascht, willigte aber ein. Allerdings staunte er sehr, als er sehen musste, wie die Äbtissin ihren Bruder auf dem Rücken aus der Stadt schleppte.*
>
> *Rainald von Dassel aber ließ heimlich seinen eigentlichen Lohn, die Gebeine der Heiligen Drei Könige, nach Köln bringen. Am 23. Juli 1164 erreichten sie die Stadt und wurden feierlich im Dom beigesetzt. Dort werden sie noch heute in einem prachtvollen goldenen Schrein aufbewahrt.*

Informationen nach: www.koelner-dom.de/17453.html

1. **Was weißt du selbst über die Heiligen Drei Könige und ihre Geschichte?**

2. **Lies die Legende. Welche Teile erscheinen fabelhaft und erfunden? Warum?**

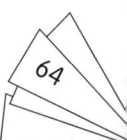

Kirchenfeste rund um Weihnachten

Die Entwicklung der Legende

Heilige Drei Könige

Mit dem Begriff „Heilige Drei Könige" bezeichnet man die in der Weihnachtsgeschichte des Neuen Testaments (Matthäus 2) erwähnten Sterndeuter aus dem Morgenland.

Sie werden nicht näher beschrieben; ihr Name, die genaue Herkunft oder ihre soziale Stellung sind nicht bekannt. So entwickelten sich bereits im frühen Christentum eine Vielzahl von Legenden, die sich auf ihre Anzahl, ihre Bezeichnung als Könige, Magier oder Sterndeuter und auf ihre Namen bezogen. Historisch belegt ist, dass erst im 3. Jh. die Zahl der weisen Besucher des Jesuskindes festgelegt wurde. Man schloss aus der Anzahl der Geschenke, dass es drei Könige gewesen sein mussten, die jeder ein Geschenk dabei hatten; und zwar Gold (als Symbol für die königliche Weisheit), Myrrhe (als Symbol für die Kraft der Selbstbeherrschung) und Weihrauch (als Symbol für Gebet und Opfer).

Im 8. Jh. erhielten die drei Reisenden dann ihre Namen („Caspar" heißt übersetzt: „Der Schatzmeister"; „Melchior": „Königliches Licht" und „Balthasar": „Schütze mein Leben"). Ihnen wurde dann der Titel König zugestanden. Die Vorstellung, diese drei Könige seien ganz unterschiedlichen Alters gewesen, nämlich ein Jugendlicher, ein reifer/älterer Mann und ein Greis, setzte sich erst im 12. Jahrhundert durch und soll zeigen, dass jeder Mensch damals Christus verehrte. Erst im 13. Jahrhundert wurde der jüngste Pilger als Farbiger dargestellt. Seit diesem Zeitpunkt wurden die Heiligen Drei Könige als Vertreter der damals bekannten drei Weltteile Asien, Europa und Afrika angesehen.

Informationen nach: www.theology.de/kirche/kirchenjahr/epiphaniasdreikoenig.php

Unbekannter Künstler: Der Besuch der weisen Männer

Trage auf der Zeitleiste ein, wann welche Information zu der Heiligenlegende der Heiligen Drei Könige hinzugefügt wurde.

3. Jh.

Kirchenfeste rund um Weihnachten

Eine Bildergeschichte erstellen

Heilige Drei Könige

Am 6. Januar wird der Tag der Heiligen Drei Könige begangen. Das ist ein Gedenktag, der auf ein Ereignis zurückzuführen ist, das bereits in der Bibel erwähnt wird, die Huldigung des neugeborenen Christus durch Männer aus dem Osten.

Die Magier aus dem Osten (Mt 2, 1-12)

Da Jesus geboren war zu Bethlehem im jüdischen Lande, zur Zeit des Königs Herodes, siehe, da kamen die Weisen vom Morgenland nach Jerusalem und sprachen: Wo ist der neugeborene König der Juden? Wir haben seinen Stern gesehen im Morgenland und sind gekommen, ihn anzubeten. Da das der König Herodes hörte, erschrak er und mit ihm das ganze Jerusalem. Und ließ versammeln alle Hohenpriester und Schriftgelehrten unter dem Volk und erforschte von ihnen, wo Christus sollte geboren werden. Und sie sagten ihm: Zu Bethlehem im jüdischen Lande; denn also steht geschrieben durch den Propheten: „Und du Bethlehem im jüdischen Lande bist mitnichten die kleinste unter den Fürsten Juda's; denn aus dir soll mir kommen der Herzog, der über mein Volk Israel ein HERR sei." Da berief Herodes die Weisen heimlich und erlernte mit Fleiß von ihnen, wann der Stern erschienen wäre, und wies sie gen Bethlehem und sprach: Ziehet hin und forschet fleißig nach dem Kindlein; wenn ihr's findet, so sagt mir's wieder, daß ich auch komme und es anbete. Als sie nun den König gehört hatten, zogen sie hin. Und siehe, der Stern, den sie im Morgenland gesehen hatten, ging vor ihnen hin, bis daß er kam und stand oben über, da das Kindlein war. Da sie den Stern sahen, wurden sie hoch erfreut und gingen in das Haus und fanden das Kindlein mit Maria, seiner Mutter, und fielen nieder und beteten es an und taten ihre Schätze auf und schenkten ihm Gold, Weihrauch und Myrrhe. Und Gott befahl ihnen im Traum, daß sie sich nicht sollten wieder zu Herodes lenken; und sie zogen durch einen anderen Weg wieder in ihr Land.

Quelle: Lutherbibel 1912, online verfügbar unter: www.bibel-online.net/buch/40.matthaeus/2.html

Stefan Lochner: Mittelteil des „Altars der Kölner Stadtpatrone" aus dem Kölner Dom

Verwandle den Text in eine Bildergeschichte, und male sie in ein Buddy-Book.

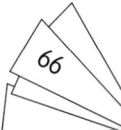

Kirchenfeste rund um Weihnachten

Geheimnisvolle Zeichen

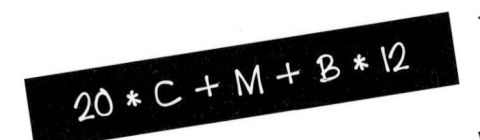

Heilige Drei Könige

20 * C + M + B * 12

Jeder kennt die Kinder, die, als Sternsinger verkleidet, Anfang Januar von Haus zu Haus gehen und Spenden für Entwicklungshilfeprojekte speziell für Kinder sammeln. Gleichzeitig wünschen die Sternsinger den Bewohnern des Hauses ein gutes neues Jahr und segnen das Haus. Die Sternsinger verlassen das Haus nicht, ohne eine geheimnisvolle Buchstaben- und Zahlenkombinationen neben oder über die Tür zu schreiben.

1. Was bedeutet der Anschrieb? Ergänze die fehlenden Zeichen. Recherchiere eventuell im Internet.
Folgende Adresse hilft dir: http://de.wikipedia.org/wiki/Sternsinger
Achtung: Es gibt zwei Lösungsmöglichkeiten!

1. Möglichkeit

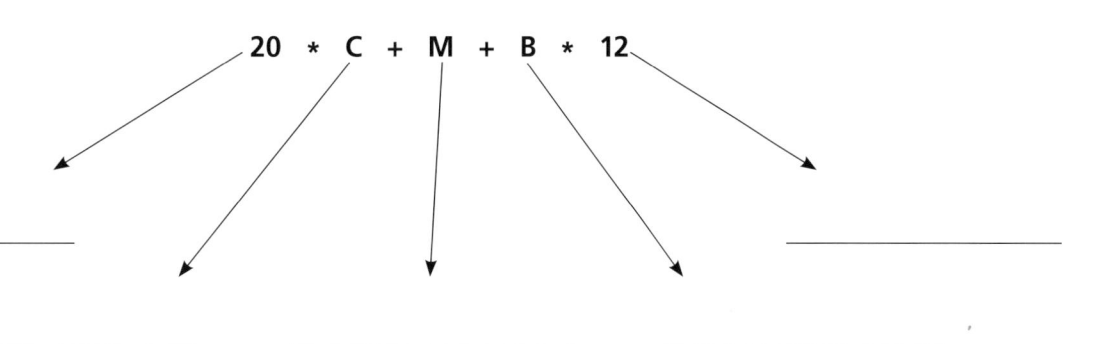

20 * C + M + B * 12

_____   _____   _____   _____   _____

            _____   _____   _____

2. Möglichkeit

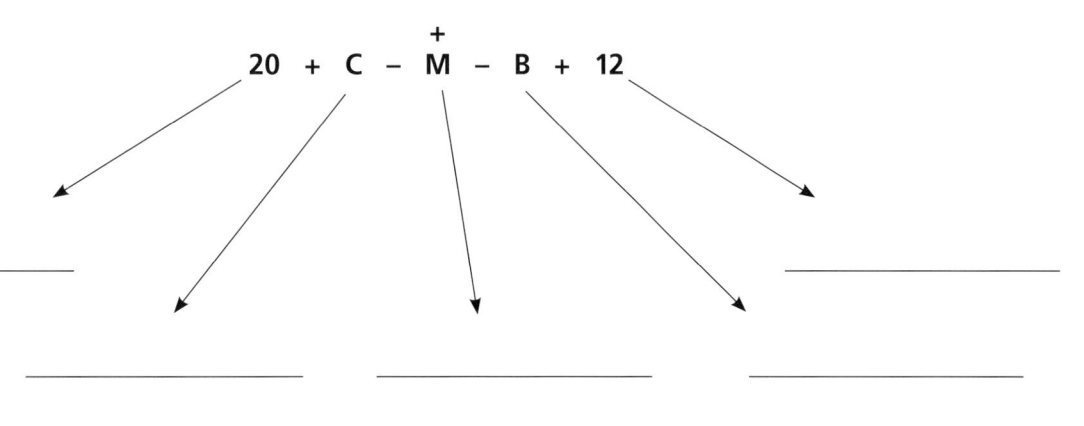

20 +̇ C – M – B + 12

_____   _____   _____   _____   _____

d.h. in Deutsch _____   _____   _____   _____

2. Hast du selbst schon einmal bei den Sternsingern mitgemacht oder könntest dir vorstellen, dies zu tun? Erzähle von deinen Erlebnissen. Wieso findest du die Aktion gut, was hat dir besonders gefallen?

Kirchenfeste rund um Weihnachten

Das Aschekreuz

Aschermittwoch

Aschermittwoch ist der letzte Tag des Karnevals, der Fasnacht oder des Faschings und gleichzeitig der erste Tag der österlichen Fastenzeit, die 40 Tage dauert.

Seine Bezeichnung Aschermittwoch kommt von dem katholischen Brauch, in der Messe die Asche vom Verbrennen der Palm- oder Buchsbaumwedel des Vorjahres, die als Palmzweige dienten, zu segnen und die Gläubigen anschließend mit einem Aschekreuz auf der Stirn zu kennzeichnen.

Diese Verbrennung, die Segnung und anschließende Kennzeichnung der Gläubigen ist bereits seit dem 11. Jahrhundert bekannt. Der Mensch soll an seine Vergänglichkeit erinnert und zur Umkehr aufgerufen werden.

So werden zu jedem einzelnen Gläubigen bei der Austeilung des Aschekreuzes die Worte „Bedenke Mensch, dass du Staub bist und zum Staub zurückkehrst" (Gen 3, 19) gesprochen.

Das Bestreuen des Menschen mit Asche als Zeichen der Buße und Umkehr ist allerdings schon eine ältere Tradition und findet sich bereits in der Bibel im Alten Testament.

> „Ich richtete mein Gesicht zu Gott, dem Herrn, um ihn mit Gebet und Flehen, bei Fasten in Sack und Asche, zu bitten." (Dan 9, 3)

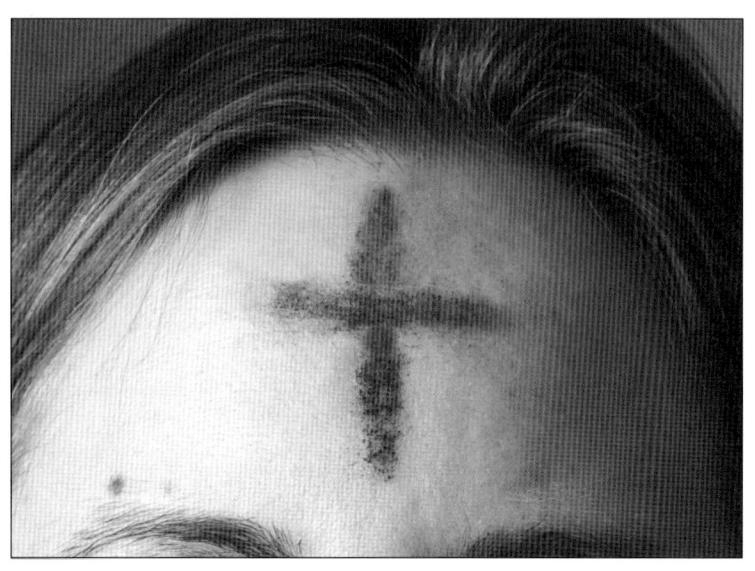

Aschekreuz auf der Stirn einer jungen Frau

1. Hast du dir selbst schon einmal ein Aschekreuz auf die Stirn zeichnen lassen, oder könntest du dir vorstellen, dies zu tun? Wie fühlt man sich bei diesem Brauch?
2. Warum, glaubst du, ist es wichtig, sich an seine eigene Vergänglichkeit zu erinnern und umzukehren, wenn man etwas Falsches getan hat?
3. Warum lassen sich heute wohl nur noch wenige Menschen am Aschermittwoch das Aschekreuz auf die Stirn zeichnen?

Kirchenfeste rund um Weihnachten

Sieben Wochen ohne

Aschermittwoch

„Am Aschermittwoch ist alles vorbei ..." Dieses Karnevalslied kennen viele. Aber was heißt das eigentlich? Klar ist, dass die schönen und turbulenten Karnevals-, Fasnachts- oder Faschingstage zu Ende gehen. Die Feiern und die Umzüge haben ein Ende, und für viele Christen beginnt eine wichtige Zeit im Kirchenjahr: die Fastenzeit vor Ostern.

Als Fastenzeit bezeichnet man im Christentum den Zeitraum der sieben Wochen zwischen Aschermittwoch und Ostern. Diese Zeit erinnert an die 40-tägige Fasten- und Gebetszeit von Jesus Christus, die er in der Wüste verbrachte. Während dieser 40 Tage gab es früher bestimmte Vorschriften, oft Speisevorschriften, die eingehalten werden mussten, so sollten z.B. keine Fleischspeisen gegessen werden. Öffentliche Veranstaltungen waren untersagt, und erst im 20. Jahrhundert lockerte man diese Bestimmungen langsam. Fasten heißt aber nicht nur, dass man auf bestimmte Speisen verzichtet.

Das zeigt die Aktion **„Sieben Wochen ohne"**, die in der evangelischen Kirche Deutschlands 1983 gegründet wurde. Das Ziel ist die bewusste Gestaltung der siebenwöchigen Passionszeit. Die Menschen sollen ihren Alltag und ihr Handeln überdenken: Sie verzichten z.B. auf Genussmittel, wie Zigaretten oder Alkohol, auf Süßes oder andere liebe Gewohnheiten, wie Fernsehen, Internetnutzung oder kurze Autofahrten.

Dadurch schaffen sie Platz für Veränderungen, entwickeln neue Perspektiven und stellen fest, was in ihrem Leben wichtig ist und Lebensqualität ausmacht; denn wer Verzicht übt, hat auch Platz für Neues.

Fasten heißt verzichten: Überlege dir etwas, worauf du in der Fastenzeit verzichten möchtest! Schreibe deinen Vorsatz anonym auf eine Karteikarte, und hänge sie im Klassenraum auf. Wenn du deinen Vorsatz nicht halten konntest, nimm deine Karte ab.

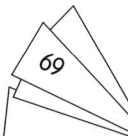

Kirchenfeste rund um Weihnachten

Was heißt „fasten"? 1/2

Aschermittwoch

Weg von der Tütensuppe

Bruder Paulus Terwitte ist Kapuzinermönch und als Seelsorger durch das Fernsehen (Sat1, N24) bekannt geworden. Wir haben ihn gefragt, was die Fastenzeit für ihn bedeutet und wie er fastet.

Red.: *Aschermittwoch beginnen die 40 Tage der Fastenzeit. Was ändert sich bis Ostern für Sie ganz persönlich?*

Bruder Paulus: Ich werde auf jeden Fall öfter spazieren gehen, und das mit der Liebeserklärung werde ich wohl auf Gott beziehen und mich fragen: Wie kann ich meine Liebe zu ihm ganz neu formulieren. Und dann werde ich auch einige Stunden mehr einplanen für Menschen, die mir etwas bedeuten und denen ich etwas bedeute: Gute Freunde sind einem eben auf dem Weg mitgegeben, man hat sie sich nicht ausgesucht, und deshalb sind sie auch immer wieder eine Herausforderung, der ich mich immer gern entziehe. Übrigens ist für mich auch klar: kein Alkohol, nichts Süßes.

Bruder Paulus

Red.: *Fasten Mönche im Kloster besonders?*

Bruder Paulus: Fasten ist mehr als nur der Verzicht auf Genussmittel. Sich ausrichten auf Gott, den inneren Schweinehund überwinden, noch mal verzeihen, eine Runde mehr beten, die Stille mit Gott suchen und den Lärm ausschalten – ach, das ist jeden Tag neu dran und sehr erfüllend, wenn man es aus Liebe zu Gott macht. Deshalb geht es [...] auch weniger um Verzicht, als um Gewinn: Zeit gewinnen für Freunde, Kraft gewinnen für ein lange aufgeschobenes Telefonat, Mut, sich mal etwas Gutes zu tun.

Red.: *[...] Warum sollte ich anders leben? Mein Leben ist doch in Ordnung.*

Bruder Paulus: Zu viele leben gar nicht mehr, sondern lassen sich leben, fragen sich immer wieder: Was muss m a n machen, was i s t angesagt. Sie sind nicht mehr Herr im eigenen Haus. Ich habe gemerkt, wie wenige Menschen sich trauen, mal aus dem Rahmen zu fallen. Es muss doch möglich sein, einfach eine neue Gewohnheit ins Leben zu bringen. [...]
Die Fastenzeit ist eine Zeit der Horizonterweiterung. Raus aus der Spur – trau dich, mehr Leben ins Leben zu bringen. Versuch's mit natürlichem Kochen – weg von der Tütensuppe. Setz dich mal hin, und mal mit deinen Fingern – weg vom Einerlei der gedruckten Kunst. Stell dich mal eine Stunde vor ein Bild – weg von der Bilderflut.

Red.: *Was empfehlen Sie denn Menschen, sich in der Fastenzeit zu trauen?*

Kirchenfeste rund um Weihnachten

Was heißt „fasten"? 2/2

Aschermittwoch

Bruder Paulus: Die Welt wäre viel lebendiger, auch das persönliche Leben, wenn Menschen sich trauen würden – und das nicht nur in der Fastenzeit – ein Gedicht zu schreiben, ein Bild zu malen, einen Fremden auf dem abendlichen Spaziergang endlich mal ansprechen, nachdem man ihn schon 100-mal gesehen hat. Oder trauen Sie sich doch einfach mal, mit einem Armen ein Brot zu teilen oder auch ein Gebet auswendig zu lernen! Jawohl, richtig gehört: einfach mal auswendig zu lernen.

Red.: *Fasten ist oft höchstens zur Gewichtsabnahme gefragt. Dabei wäre ja Verzichten durchaus reizvoll in der „Geiz-ist-geil"-Gesellschaft.*

Bruder Paulus: Furchtbar, wie das Wort Geiz verhunzt wird. Fasten [...] ist etwas ganz Freigiebiges. Du nimmst die Freiheit, dir nicht alles zu nehmen, wozu du Lust hast – das ist der Kick. Ich beweis' mir selber, dass ich auf nichts anderes abfahren will als auf Vernünftiges, auf das, was mir und anderen wirklich dient. Wenn es denn Gewichtsabnahme ist, bitte! Aber ordentlich essen kann für einen Dürren auch Fasten sein.

Red.: *Das wäre das Sichtbare an der Fastenzeit. Wie sieht es mit Meditation und Schweigen aus?*

Bruder Paulus: Wenn ich meditiere, dann geht es mir darum, dass ich mir Zeit nehme, mit Gott zusammen zu sein. Wie wenn Verliebte auf einer Parkbank sitzen und einfach so vor sich hin sinnen, glücklich, dass der andere da ist. Schweigen gibt mir Gelegenheit, auf meine innere Stimme zu hören. Ich werde nicht abgelenkt und kann mich besser konzentrieren. Die Gedanken lasse ich dabei einfach vorbeiziehen wie ein Schwarm von Zugvögeln. Und ich weiß: Gott empfängt meine Gedanken und auch mich selber in diesem Schweigen, das nicht leer ist, sondern sehr beredt.
Die meisten Menschen haben durch Beruf und Familie gar nicht die Zeit und Gelegenheit, zu schweigen. Ich sag's mal so, wir in den Klöstern sind auch dafür da, für diese Menschen ein bisschen mitzuschweigen.

Red.: *Bruder Paulus, vielen Dank für das Interview.*

Quelle: www.fastenzeit.de/auctores/scs/imc/fdInf_ID=8020ccXfa7bde2435Xa68/index.htm?ITServ=Y19c0c73cX124aaeb895aXY4a14

1. Lies den Text, und beantworte die Fragen.
   - Was ändert sich für Bruder Paulus in der Fastenzeit?
   - Was meint Bruder Paulus, wenn er behauptet, dass die Fastenzeit ein Gewinn sei?

2. Versuche einmal ganz bewusst, eine Stunde des Tages zu schweigen. Wie geht es dir bei diesem Gedanken oder bei der Durchführung dieser Schweigestunde?

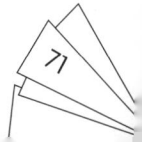

Kirchenfeste rund um Weihnachten

Gemeinsame Festmotive in aller Welt

Gemeinsame Festmotive in aller Welt

Christentum **Judentum**  **Buddhismus**

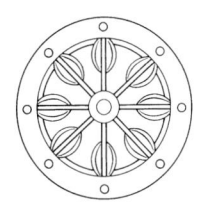

Hinduismus

Iran  **Japan** 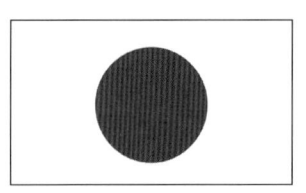 **China**

Wenn man die Feste und Gedenktage in den verschiedenen Teilen der Welt betrachtet, fällt auf, dass es häufig wiederkehrende Motive und Rituale gibt, die aufgegriffen werden.

Dabei kann es sich sowohl um weltliche Fest- und Gedenktage handeln, als auch um religiöse Feste. Manchmal ist es auch so, dass sich ein religiöses Fest zu einem weltlichen Fest wandelt.

Man trifft immer wieder auf Opferfeste, auf Lichterfeste oder auf Feste, die zur Erinnerung an besondere Ereignisse aus dem Leben des Religionsgründers veranstaltet werden. Man findet in vielen Teilen der Welt Feste, mit denen ein neues Jahr beginnt oder die den Toten geweiht sind.

Hier werden zwei Festmotive besonders herausgegriffen und näher betrachtet: die „**Lichterfeste**" und die „**Neujahrsfeste**" in verschiedenen Religionen und Ländern. Diese beiden Motive wurden gewählt, weil auch im erweiterten Weihnachtskreis die entsprechenden Feste des Christentums enthalten sind: Die gesamte Advents- und Weihnachtszeit ist durch die Lichter und die Lichtsymbolik geprägt; und mit der Adventszeit beginnt das Kirchenjahr, während mit dem Neujahrsfest das neue Jahr nach dem üblichen gregorianischen Kalender seinen Anfang nimmt.

Kirchenfeste rund um Weihnachten

Die Lichterfeste in der Welt

Lichterfeste M47

Lies dir die folgenden Texte (M48–M51) genau durch.
Welche Abläufe oder Handlungen lassen sich feststellen?
Welchen Ursprung haben die Feste in den verschiedenen Religionen?
Fülle die Tabelle mit deinen eigenen Worten aus.

Religionen	Name des Lichterfestes	Ablauf des Festes/ traditionelle Handlungen	Ursprung des Festes
Judentum			
Christentum			
Hinduismus			
Buddhismus			

Kirchenfeste rund um Weihnachten

Judentum: Chanukka

Lichterfeste
M 48

Neunarmiger Chanukka-Leuchter mit dem Halter für die „Dienerkerze" in der Mitte

Der Hintergrund des Chanukka-Festes im Judentum

Chanukka ist ein wichtiges Fest des Judentums, das jedes Jahr im November oder Dezember stattfindet. Es erinnert an die Wiedereinweihung des zweiten jüdischen Tempels in Jerusalem im Jahr 3597 des jüdischen Kalenders[1].
In der Zeit der griechischen Vorherrschaft über Israel wollten die neuen Herren den Juden ihren Glauben aufzwingen. Das entfachte einen Aufstand, und die Juden eroberten viele Gebiete und auch Jerusalem mit dem wichtigsten Tempel zurück. Anschließend entfernten sie den Zeusaltar, den die Griechen in ihm errichtet hatten. Sie bereiteten alles vor, damit dort wieder jüdische Gottesdienste gefeiert werden konnten. Dazu gehörte auch, dass die Menora, ein Leuchter, der nie erlöschen darf, wieder entzündet werden sollte.
Allerdings fand sich nur wenig geweihtes Öl, das gerade einmal für einen Tag gereicht hätte. Um neues Öl herzustellen, brauchte man aber acht Tage. Durch ein Wunder habe das Licht mit dem wenigen Öl allerdings doch acht Tage gebrannt, bis neues Öl geweiht war – dies berichten der Talmud, ein heiliges Buch der Juden, und auch die Bibel im Neuen Testament (Makk 1) übereinstimmend.

Ablauf

Chanukka ist ein fröhliches, acht Tage dauerndes Fest, das meistens zu Hause mit der Familie gefeiert wird. Zuerst wird kurz nach Einbruch der Dunkelheit der Chanukka-Leuchter entzündet. Jeden Tag wird dabei rechts beginnend ein weiteres Licht angezündet, bis alle Kerzen brennen[2]. Dann werden Gebete gesprochen, Lieder gesungen, es wird zusammen gegessen und gespielt.

---

[1] Das entspricht unserem Jahr 164 n. Christus.
[2] Oft hat der Leuchter neun Kerzen. Das neunte Licht ist der so genannte Diener, mit dem alle anderen Kerzen entzündet werden.

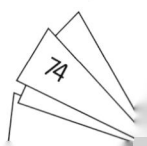

Hinduismus: Divali

Lichterfeste

Der Gott Rama und seine Frau Sita

Der Hintergrund des Divali-Festes im Hinduismus

Divali (auch Dipavali genannt) ist ein Fest des Hinduismus und bedeutet übersetzt „Weg des Lichts" oder „Anordnung der Lichter". Es findet Ende Oktober/ Anfang November unseres Kalenders statt und dauert zwischen einem und fünf Tagen.

Mit diesem Fest wird an die Rückkehr des Gottes Rama, seiner Frau Sita und seines Bruders Lakshamana nach 14-jährigem Exil im Dschungel in die Hauptstadt Ayodhya erinnert. Viele entzündete Öllampen sollten ihnen den Weg weisen.

In anderen Gebieten Indiens erinnert das Fest an den Gott Krishna, der einen Dämon besiegte und dadurch 16 000 gefangene Jungfrauen befreit haben soll.

Im Norden Indiens beginnt mit dem Divali-Fest ein neues Jahr.

Ablauf

Das Fest beginnt bereits am frühen Morgen. Die Menschen bereiten sich vor, indem sie ein Bad mit wohlriechenden Ölen nehmen. Anschließend legen sie neue Kleider an, besuchen Familie und Freunde und beschenken diese mit speziellen Süßigkeiten.

Schon Tage vor dem Fest wird überall auf den Straßen Feuerwerk entzündet, an den Feiertagen selbst knallt es überall, ähnlich wie bei uns zu Silvester. Besonders wichtig sind an allen Festtagen die Lichter. Sie werden z.B. ins Fenster gestellt und erleuchten Geschäfte, Häuser, Bäume und Straßen.

Den Lichtern wird dabei, je nach Festtag, eine unterschiedliche Aufgabe zugeteilt. Sie sollen am ersten Tag den Toten den Weg in das Land der Seligkeit weisen, am zweiten Tag die Göttin Lakshmi in die erleuchteten Wohnungen locken und so Glück verheißen oder am dritten und vierten Tag Familienmitglieder, wie Ehemann, Bruder und Schwester, segnen und deren Schutz einfordern.

Christentum: das Lucia-Fest in Skandinavien

Lichterfeste M 50

Lucia-Prozession in Schweden

Der Hintergrund des Lucia-Festes im Christentum

Auch das Lucia-Fest, das am 13. Dezember stattfindet, ist ein Lichterfest. Schon der Ursprung des Namens macht dies deutlich, denn er leitet sich vom lateinischen Wort „lux", das „Licht" bedeutet, ab. Lucia ist also die „Lichtvolle" oder die „Leuchtende".

Das Fest bezieht sich wahrscheinlich auf die Märtyrerin Lucia, die 286–304 n. Chr. in Italien lebte und dort die in den Katakomben versteckt lebenden Christen mit Lebensmitteln versorgte. Um die Hände für die Lebensmittel frei zu haben, trug sie auf ihrem Kopf einen Lichterkranz, dessen Licht ihr den Weg zeigte. Für ihre Hilfen sollte sie hingerichtet werden und wurde auch mit Feuer und Schwert gefoltert. Allerdings starb sie erst, nachdem sie durch einen Priester eine Hostie empfangen hatte.

Ablauf

Lucia-Bräuche gibt es in verschiedenen Ländern in Europa, in den skandinavischen Ländern, aber auch in Österreich, Ungarn und Italien. Besonders bekannt sind die Traditionen aus Schweden, wo der Lucia-Tag immer besonders festlich begangen wird. Dort kleidet sich die älteste Tochter in ein weißes Gewand mit einem roten Gürtel und setzt sich einen Lichterkranz auf den Kopf. So weckt sie die Familienmitglieder und bringt ihnen Weihnachtsplätzchen, spezielles Safrangebäck oder das Frühstück.

Im Mittelalter war der Lucia-Tag der kürzeste Tag des Jahres, und an ihm wurden auch die Weihnachtsgeschenke an die Kinder verteilt. Das änderte sich erst mit der Kalenderreform und der Einführung des gregorianischen Kalenders.

Heutzutage wählen die Bewohner vieler Städte „ihre" örtliche Lucia und führen feierliche Lichterumzüge durch die Stadt durch.

Kirchenfeste rund um Weihnachten

Buddhismus: Loi Krathong in Thailand

Lichterfeste M 51

Der Hintergrund des Loi Krathong in Thailand

Loi (auch Loy) Krathong ist das Lichterfest in Thailand, das im zwölften Monat des thailändischen Mondkalenders, der üblicherweise in den November fällt, gefeiert wird.

Die Übersetzungen der beiden Wörter geben schon einen Einblick in die wichtigsten Bräuche des Festes. „Loi" bedeutet „schwimmen" oder „schweben", und ein „Krathong" ist ein kleines Floß oder Schiffchen, das aus Bananenblättern oder auch Brotteig gefertigt und kunstvoll mit Blüten, Räucherstäbchen und Kerzen geschmückt wird.

Aus Dank für den Regen und den Schutz vor Überschwemmungen, aber auch als Glücksomen für die Zukunft werden diese Blätter- und Blütenschiffchen als Opfergaben dargebracht. Sie sollen allen Ärger, alle Wut und jeden Streit und auch alle sonstigen Verunreinigungen der Seele mitnehmen und so das Leben neu beginnen lassen.

Ablauf

Am Abend des Loi Krathong treffen sich Freunde und Familienangehörige. Man geht gemeinsam zum Fluss. Die Straßen sind geschmückt, es wird gefeiert, und festliche Umzüge finden statt. Am Fluss angekommen, werden die kleinen Blütenschiffchen unter vielen Gebeten mit brennenden Kerzen ins Wasser gesetzt und treiben davon. Je länger man mit den Augen seinem eigenen Schiffchen folgen kann, je glücklicher wird das weitere Leben, glauben die Thailänder.

In anderen Gebieten Thailands steigen hunderte kleine Heißluftballons in den nächtlichen Himmel auf. Auch dies soll den Beginn eines neuen, unbelasteten Lebens symbolisieren.

Krathongs zum Verkauf

Die Neujahrsfeste in der Welt

Neujahrsfeste M52

Lies dir die folgenden Texte (M53 – M56) genau durch.
Welche Abläufe oder Handlungen lassen sich feststellen?
Welchen Ursprung haben die Feste in den verschiedenen Religionen und Regionen?
Fülle die Tabelle mit deinen eigenen Worten aus.

Religionen/Länder	Name des Neujahrsfestes	Ablauf des Festes/ traditionelle Handlungen	Ursprung des Festes
China			
Japan			
Judentum			
Iran			

Kirchenfeste rund um Weihnachten

Das chinesische Neujahrsfest

Neujahrsfeste M 53

Feiern zum chinesischen Neujahr vor dem Rathaus von Kopenhagen.

Der Hintergrund des chinesischen Neujahrsfestes

Das chinesische Neujahrsfest Chunjié findet traditionell zwischen dem 21. Januar und 21. Februar statt. Das genaue Datum richtet sich nach dem Sonne-Mond-Kalender. Es wird hauptsächlich in China, Taiwan, Vietnam, Korea und der Mongolei und weltweit in Gebieten mit einem großen chinesischen Bevölkerungsanteil gefeiert.

Eine Legende in China erzählt, dass ein Menschen fressendes Ungeheuer jedes Jahr aus den Bergen* kam, um die Menschen zu verschlingen. Um sich vor diesem Monster zu schützen, färbten die Menschen alles rot und machten viel Lärm, da sie glaubten, dass die Farbe Rot und der Lärm das Untier vertreiben würden.

Eine weitere Legende besagt, dass Ch'ian Lung, Kaiser der Qing-Dynastie, von einem Wesen träumte, das seine Weisen als Löwen identifizierten. Der Kaiser sollte dem Löwen ebenbürtig sein und ihm zu Ehren wurde ein Tanz entwickelt, der Löwen- oder Drachentanz. Er wurde am Neujahrstag mit einem Löwen- oder Drachenkörper getanzt.

Ablauf

Das chinesische Neujahrsfest ist ein Familienfest, das traditionell 15 Tage dauert. Jedes Jahr sparen hunderttausende Chinesen ihren Jahresurlaub auf, um für zwei bis drei Wochen in die Heimatdörfer zurückzukehren (viele Chinesen leben in Übersee) und mit ihren Familien das Neujahr zu feiern. Traditionell wird das Haus gereinigt, und die Kinder werden mit roten Geldumschlägen beschenkt, die Familien besuchen sich untereinander, und es gibt große Feuerwerke, die sich über mehrere Stunden hinziehen. Dabei spielt immer wieder die glücksbringende Farbe Rot eine große Rolle. Segenssprüche werden auf rote Papierfahnen geschrieben oder rote Geld- bzw. Segensumschläge werden überreicht.

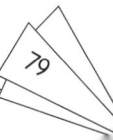

---

* Nach einer anderen Legende kam dieses Ungeheuer aus dem Meer.

Kirchenfeste rund um Weihnachten

Das japanische Neujahr

Neujahrsfeste

Kagami mochi – typische Dekoration zum japanischen Neujahrsfest

Der Hintergrund des japanischen Neujahrsfestes

Das japanische Neujahrsfest Oshugatsu wird seit Einführung des gregorianischen Kalenders auch am 1. Januar gefeiert. Es ist ein Fest, das seit vielen Jahrhunderten begangen wird und das daher viele unterschiedliche Traditionen entwickelt hat.

Das Fest ist in Japan das wichtigste Fest des Jahres und dauert drei Tage. In dieser Zeit sind meist auch die Geschäfte geschlossen, damit man mit der Familie feiern und den traditionellen Aufgaben und Bräuchen nachkommen kann.

Ablauf

Die dreitägigen Neujahrsfeiern sind durch weltliche und religiöse Bräuche bestimmt. Zum einen wird der erste Tempelbesuch des Jahres feierlich begangen. Auch die Hausaltäre und Hauseingänge sind festlich geschmückt, um das Glück anzulocken.

Im Tempel werden um Mitternacht 108-mal die Glocken geläutet (8-mal im alten und 100-mal im neuen Jahr), um die Sünden zu vertreiben.

Außerdem ist es üblich, an Familienmitglieder, Freunde und Geschäftspartner mit guten Wünschen versehene Neujahrskarten zu verschicken (Weihnachtskarten sind in Japan nicht so bekannt und üblich wie bei uns). Diese Grüße sind verpflichtend, sodass manche Japaner bereits Wochen vor dem eigentlichen Neujahr beginnen, sie zu schreiben, denn wenigstens die Adresse sollte aus Respekt mit der Hand geschrieben sein. Die Geschäftsleute versuchen, alle geschäftlichen Aktivitäten bis zum Jahresende abzuschließend, und auch im privaten Bereich ist man bemüht, alle angefangenen Arbeiten im alten Jahr zu beenden, denn ein neues Jahr ist jedes Mal ein neuer Anfang. Die Kinder werden mit kleinen Geldgeschenken bedacht, die in besonders dekorierten Umschlägen überreicht werden.

In der Familie wird mit traditionellen, oft sehr opulenten Speisen in das neue Jahr gegangen.

Kirchenfeste rund um Weihnachten

Judentum: Rosch-ha-Schana

Neujahrsfeste M55

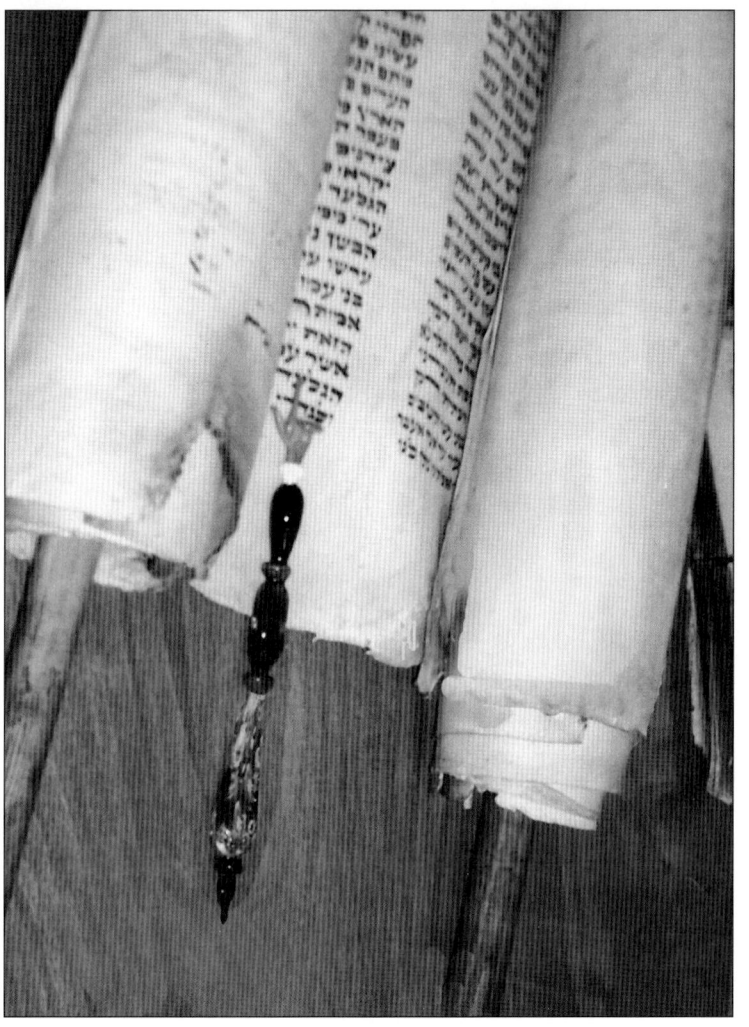

Thorarolle mit einem Jad (Thorazeiger)

Der Hintergrund des Rosch-ha-Schana

Rosch-ha-Schana (auch Rosch-ha-Schana) ist die Bezeichnung für den jüdischen Neujahrstag. Nach dem gregorianischen Kalender wird dieses Fest Ende September/Mitte Oktober begangen. Das Fest dauert ein oder zwei Tage. Mit diesem Neujahrstag beginnen die „zehn ehrfurchtsvollen Tage", die mit Jom Kippur, dem Versöhnungstag, enden.

Ablauf

Rosch-ha-Schana beginnt, wie jeder Tag im Judentum, mit dem Sonnenuntergang des Tages.
Zu Beginn des Festes gehen viele gläubige Juden an einen Fluss oder einen See und führen dort die Taschlich-Zeremonie (= Bußzeremonie) durch. Dazu schütteln sie ihre Kleider aus und leeren ihre Taschen von allen Krümeln und allem Staub. Diese werden ins Wasser geworfen. Symbolisch werden damit auch alle begangenen Sünden abgeworfen. Anschließend wird 5-mal ein Gebet gesprochen, und damit ist der Akt der Buße für die Sünden abgeschlossen. Der Mensch kann wieder neu beginnen.
In der Synagoge wird beim Gottesdienst das Schofar, ein Widderhorn, geblasen. Es soll das Gewissen anrufen und an Vorsätze fürs neue Jahr erinnern.
Die nächsten zehn Tage sind dem Umsetzen dieser Vorsätze gewidmet. Bevor mit Jom Kippur, dem Versöhnungsfest, diese Buß- und Bedenkzeit endet.
Außerdem werden an Rosch-ha-Schana Grußkarten mit Neujahrswünschen für ein „süßes Leben" an Freunde und Verwandte verschickt, und traditionell werden Äpfel und Honig gegessen, die auch das süße Leben symbolisieren sollen.

Kirchenfeste rund um Weihnachten

Das iranische Neujahrsfest

Neujahrsfeste M 56

Nouruz in Kasachstan

Typische Speisen des Nouruz

Der Hintergrund des iranischen Neujahrsfestes

Das iranische Neujahrsfest, auch Frühlingsfest genannt, ist ein bedeutendes Fest, das nicht nur im Iran, sondern auch in den umliegenden Gebieten (wie Persien, im Kaukasus oder der Schwarzmeerregion) gefeiert wird. Die wörtliche Übersetzung des persischen Wortes „Nouruz" bedeutet „Neuer Tag" und weist auf den Beginn eines neuen Abschnitts hin. Die Geschichte des Neujahrsfestes reicht bis in das 3. vorchristliche Jahrhundert zurück und ist in der bäuerlichen Tradition begründet. Das Fest findet am 20./21. März statt. Seine Dauer und auch seine Herkunft sind, je nach Land, unterschiedlich.

Die Kurden erzählen, dass das Fest zur Erinnerung an die Unterwerfung des Tyrannen Zohak durch die Iraner, die von dem Schmied Kaveh angeführt wurden, gefeiert wird. Nach diesem Sieg wurden Feuer entzündet, die die gute Nachricht im ganzen Land verbreiteten.

Ablauf

Ein typischer Brauch des Neujahrsfestes ist die Zubereitung traditioneller Speisen. Es sollen sieben verschiedene Speisen zubereitet werden. Sie symbolisieren die sieben Tugenden der Lehre des Zarathustra (persischer Religionsstifter). Besonders wichtig ist das Haft Sin, dessen sieben Bestandteile unbedingt mit den Anfangsbuchstaben des persischen „S" beginnen müssen. Dazu gehören z.B. Äpfel, Knoblauch, Kresse und Essig. Auch das traditionelle Getränk besteht aus sieben Zutaten.

Für die Feierlichkeiten trifft man sich am letzten der 13 Festtage mit Freunden und Verwandten und nimmt die Speisen mit zu einem Essen unter freiem Himmel in einem der großen Parks.

Am Vorabend des letzten Mittwochs vor dem Neujahrsfest wird in vielen Gärten und Parks das Mittwochsfeuer entzündet. Besonders die jungen Männer tanzen, musizieren und singen zuerst um dieses Feuer. Anschließend springen sie durch die Flammen, um symbolisch eine Art Reinigung zu vollziehen.

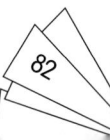

Kirchenfeste rund um Weihnachten

Die Feste und Gedenktage des Weihnachtskreises

Lernzielkontrollen

Name _____ Klasse _____

1. In welcher Stadt war Martin Bischof? Kreuze an. — 1 P

   ❏ Amiens   ❏ Tours   ❏ Nizza   ❏ Paris

2. Welchen Beruf übte Martin viele Jahre lang aus? Kreuze an. — 1 P

   ❏ Arzt   ❏ Soldat   ❏ Gelehrter   ❏ Bürgermeister

3. Was war Nikolaus von Beruf? — 1 P

   _____

4. In welcher Stadt und in welchem heutigen Land lebte Nikolaus? — 2 P

   _____

5. Wie heißen die Gedenktage der Toten im November? — 4 P

   _____
   _____

6. Was bedeutet der Begriff „Advent" übersetzt? — 1 P

   _____

7. Welche Zeit genau ist mit dem Begriff „Adventszeit" gemeint? — 1 P

   _____

8. Erkläre die beiden Bedeutungen von 20 + C + M + B + 10 — 5 P

   _____
   _____
   _____

9. Woraus wird die Asche für das Aschekreuz hergestellt, das sich gläubige Katholiken am Aschermittwoch auf die Stirn zeichnen lassen? — 1 P

   _____

17 P

Gesamtpunkte: ☐   Note: ☐

Kirchenfeste rund um Weihnachten

„Der große Preis" der Feste und Gedenktage des Weihnachtskreises 1/3

Lernzielkontrollen M 58

Dieses Wiederholungsspiel nach Art der alten Quizsendung
„Der große Preis" eignet sich gut, die gesamte Reihe zu wiederholen.
Sie können auch Fragen und Punkte ergänzen bzw. weglassen
und so den Schwierigkeitsgrad je nach Leistungsstärke der Lerngruppe
selbst bestimmen.

Material

- Tafel und Kreide
- Spielkarten zum „großen Preis" (siehe S. 85/86)
- Lösungen (siehe S. 95)
- Uhr mit Sekundenzeiger

Vorbereitung

- Skizzieren Sie das Spielraster (siehe S. 85) ohne die Fragen an die Tafel.
- Kopieren Sie die Antworten (siehe S. 95) für den Spielleiter.
- Kopieren Sie eine Klassenliste.
  Die Punkte lassen sich so leichter festhalten.

Ausführung

- Wählen Sie einen Spielleiter (evtl. übernimmt man selbst die Funktion, dann kann man alle Schüler gleichmäßig kontrollieren und beteiligen).
- Lassen Sie die Schüler eine Frage wählen (siehe Raster an der Tafel), z.B. „Legenden 40".
- Lesen Sie die Frage (siehe S. 85/86) vor. Der Schüler hat 30 Sekunden Bedenkzeit, dann muss er antworten.
- Bei einer korrekten Antwort erhält der Schüler die Punkte gutgeschrieben und darf noch einmal eine zweite Frage wählen.
- Bei einer falschen Antwort kommt der nächste Schüler dran.
- Gewonnen hat, wer die meisten Punkte hat.

Kirchenfeste rund um Weihnachten

„Der große Preis" der Feste und Gedenktage des Weihnachtskreises 2/3

Lernzielkontrollen

Orte	Personen	Legenden	Symbole	A–Z
20 Wo war Martin als Bischof tätig?	20 Wer wettete mit dem Teufel um seine Seele?	20 Um welche Personen der Kirche ranken sich oft viele Legenden?	20 Wer wird oft mit einem großen Buch als Symbol dargestellt?	20 Was bedeutet „adventus"?
40 Wo lebte die Schwester des Mailänder Bürgermeisters?	40 Welche Personen könnten sich hinter folgenden Buchstaben verbergen: 20+C–M–B+12?	40 Wer versteckte sich in einem Gänsestall?	40 Welche Zeichen einer guten Ernte werden zum Erntedankfest in die Kirche gebracht?	40 Welcher Zeitraum ist mit dem Begriff „Advent" gemeint?
60 Wo sollte das Jesuskind geboren werden?	60 Wer hielt trotz einer vorehelichen Schwangerschaft zu seiner Verlobten?	60 Wo befinden sich der Legende nach die Gebeine der Heiligen Drei Könige?	60 Warum verschenkt man zum Neuen Jahr Marienkäfer, Schornsteinfeger oder Glücksklee?	60 Wem verdankten die ersten Siedler in Amerika ihr Überleben?
80 Wo trafen sich Jack O'Lantern und der Teufel zum ersten Mal?	80 Welchem Heiligen ist zufälligerweise der letzte Tag des Jahres gewidmet?	80 Wer erschien dem Heiligen Martin mit einem Mantelstück bekleidet im Traum?	80 Welches Symbol tragen sowohl der heilige Martin als auch der heilige Nikolaus in der Hand?	80 Wie heißt der Erntedanktag in den USA?

Kirchenfeste rund um Weihnachten

„Der große Preis" der Feste und Gedenktage des Weihnachtskreises 3/3

Lernzielkontrollen M 58

Orte	Personen	Legenden	Symbole	A–Z
20 Wo gedenken die Menschen an Allerheiligen und am Totensonntag der Verstorbenen?	**20** Wie heißt die Heilige, deren Beinamen „die Leuchtende" ist und an die mit einem Lichterfest erinnert wird?	**20** Wer ist „Knecht Ruprecht", „Krampus" oder der „Zwarte Piet"?	**20** Welcher Feiertag soll die Umkehr zu Gott symbolisieren?	**20** Wie heißt die Fastenaktion der evangelischen Kirche Deutschlands?
40 In welcher türkischen Stadt lebte Nikolaus?	**40** Welche Bezeichnung hat die Bibel noch für die Heiligen Drei Könige?	**40** Welche zwei Personen waren Besitzer je eines halben Mantels?	**40** Was sollte den Kindern die Wartezeit auf das Weihnachtsfest verkürzen?	**40** Welcher Gedenktag erinnert an die Opfer von Krieg und Gewaltherrschaft?
60 Wo werden in vielen Gemeinden die geernteten Feld- und Gartenfrüchte dekoriert?	**60** Wer wurde durch Martin vor dem Erfrieren gerettet?	**60** Wie wird der Begleiter des Nikolaus in Deutschland genannt?	**60** Nenne drei Glückssymbole, die zu Neujahr verbreitet werden.	**60** Was bekam Jack O'Lantern vom Teufel, weil dieser Mitleid mit ihm hatte?
80 Wie hieß die Stadt, an deren Schlosskirche Luther seine 95 Thesen schlug?	**80** Wer steht im Mittelpunkt des Gedenkens am Volkstrauertag?	**80** Welches Festessen geht auf die Bischofswahl von Martin zurück?	**80** Was symbolisiert die Adventszeit mit den vier Adventssonntagen?	**80** Welcher Gedenktag ist nur noch in Sachsen gesetzlicher Feiertag?

Kirchenfeste rund um Weihnachten

Lösungen 1/9

Einstieg

M1 Kirchenfeste rund um Weihnachten – Stationen von Erntedank bis Aschermittwoch, S. 24

1. f – d – j – a – c – b – g – i – h
2. Nicht in die Reihe gehört: e (Ostern)

Entedank

M2 Feld- und Gartenfrüchte für den Altar, S. 25

1. Feld- und Gartenfrüchte, die Schüler nennen könnten, sind beispielsweise:
    - E Erdbeeren, Erdäpfel, Erbsen
    - R Roggen, Radieschen, Rotkohl, Rettich
    - N Nüsse, Nektarinen
    - T Tomaten, Trauben, Thymian, Trüffel
    - E Erdbeeren, Erdäpfel, Erbsen
    - D Dattel, Dill, Dinkel
    - A Apfel, Aprikose, Ananas, Avocado, Artischocke
    - N Nüsse, Nektarinen
    - K Kartoffeln, Kohl, Kohlrabi, Kirsche, Kürbis, Karotten
    - F Feldsalat, Feige, Fenchel
    - E Erdbeeren, Erdäpfel, Erbsen
    - S Salat, Spargel, Spinat, Stachelbeere
    - T Tomaten, Trauben, Thymian, Trüffel

M3 Warum sollen wir danken? S. 26

1. Die Ernten waren früher viel mehr als heute vom Wetter abhängig. Heiße Sommer mit Dürre oder auch Dauerregen und Überschwemmungen zogen Missernten nach sich, die das Überleben der Bauern gefährdeten. Außerdem war die Arbeit des Bauern beschwerlich, Maschinen gab es noch nicht und auch keinen Kunstdünger, der den Ertrag der Felder positiv beeinflusste.

M4 Thanksgiving Day – auch eine Art, „danke" zu sagen, S. 27

1. Die indianischen Männer werden sitzend oder kniend dargestellt. Ihnen wird von einer lächelnden Siedlerin ein Tablett mit Speisen gereicht, das anscheinend von einem reich gedeckten Tisch im Hintergrund stammt. Ein Indianer nimmt davon.
Im Hintergrund links sieht man eine Indianerin, die von einer Siedlerin einladend zu den Speisen gebeten wird. Das Verhältnis scheint entspannt, freundlich und locker.

2. Sie betont, dass es den Indianern zu verdanken sei, dass die ersten Siedler überlebten, und dass die Indianer trotz des übermächtigen Einflusses, den die Neubürger durch Kultur, Technik und Gesetze auf die Indianer hatten, ihre eigene Kultur bewahren konnten.

3. Bis in die 1970er-Jahre war die Indianerpolitik der USA auf eine Anpassung der Indianer an die Sitten und Gebräuche der weißen Amerikaner ausgerichtet. Seither ist eine Änderung eingetreten:
Die Indianer wurden in ihrer eigenen Kultur immer mehr akzeptiert und erhielten das Recht, nach ihren eigenen Gesetzen auf einer Art eigenem Hoheitsgebiet (Reservat) zu leben. Trotzdem sind viele Indianer sozial schlecht gestellt und haben einen niedrigen Bildungsstand.

Reformationstag und Halloween

M5 Reformationstag, S. 28

1. Ablass ist ein Begriff aus der katholischen Theologie und bezeichnet einen von der Kirche geregelten Gnadenakt, durch den zeitliche Sündenstrafen erlassen (nicht jedoch die Sünden selbst vergeben) werden können. Früher konnte man Ablässe (und teilweise auch ausschließlich) gegen eine als „Spende" deklarierte „Bezahlung" erkaufen. Deshalb glaubten viele Menschen, dass man sich von seinen Sünden freikaufen könne.

Kirchenfeste rund um Weihnachten

Lösungen 2/9

Das kritisierte Luther an der Kirche	Das forderte Luther von der Kirche
Luther kritisiert, dass der Papst sich das Recht nimmt, Schuld zu vergeben. Dies könne nur Gott.	Luther forderte, dass sich das Leben der Menschen ändern soll. Sie sollen nicht weiterleben wie bisher, sondern ihr Leben und ihr Handeln den christlichen Vorstellungen anpassen.
Luther kritisiert, dass der Kauf von Ablassbriefen die Menschen dazu verleite, ihre falschen Taten nicht mehr zu bereuen.	Er lehrt, dass jeder Christ, der echte Reue über seine falschen Taten empfindet, auch ohne den Kauf eines Ablassbriefes die Vergebung seiner Sünden erhält.
Er kritisiert, dass die Aufforderung zum Kauf von Ablassbriefen durch die Kirche eine unchristliche Lehre sei.	

M6 Luthers Forderungen zur Veränderung der Kirche, S. 29

1. Luther wollte, dass sich die Gläubigen und die Kirche wieder nach der **Bibel** und nach **Jesus Christus** richten. Daher zeigt er mit der Hand auf die **Bibel** und auf das **Kreuz**. Jesus Christus ist der gekreuzigte und auferstandene Sohn **Gottes**. Er und seine **Lehre** sollen darum im **Mittelpunkt** des **Glaubens** der Menschen stehen.

2. **Sola fide**
Luther lehrt: „Allein der Glaube", das Geschenk (nicht: die menschenmögliche Leistung) der Annahme des Wortes Gottes in Christus, schafft unser Heil, **d.h.: Allein der Glaube hilft dem Menschen.**

   Sola scriptura
Luther lehrt: „Allein die Heilige Schrift" ist die Quelle allen Glaubens an und Wissens von Gott und daher der kritische Maßstab allen christlichen Redens und Handelns, **d.h.: Allein die Schrift gibt Auskunft über Jesus und Gott.**

   Solus Christus
Luther lehrt: „Allein Jesus Christus", der wahre Mensch und wahre Gott, schafft durch seine stellvertretende Hingabe am Kreuz ein für alle Mal unsere Rechtfertigung und Heiligung, die uns im mündlichen Evangelium und im Sakrament des Abendmahls zugeeignet wird. Dies ist der tragende Grund der übrigen drei Prinzipien des reformatorischen Glaubens, **d.h.: Allein Jesus Christus gibt dem Menschen Richtungen vor.**

M7 Woher kommt Halloween? S. 30

2. Christen in den USA distanzieren sich von Halloween, da sie der Meinung sind, dass mit dem Fest Missbrauch durch satanistische Vereinigungen getrieben werden könne. In Deutschland wird kritisiert, dass der alte Brauch, dass Kinder beim Martinisingen an den Haustüren Lieder singen und als Belohnung Gebäck, Früchte oder Süßigkeiten erbitten, von dem Ruf „Süßes oder Saures" verdrängt werde. Man beklagt außerdem eine vermehrte Kommerzialisierung des Festes. Manche evangelische Christen bedauern das zeitliche Zusammentreffen mit dem Reformationstag, der am gleichen Tag an die Reformation erinnern soll. Die Katholiken kritisieren, dass der folgende Allerheiligentag ein stiller Feiertag sei, der durch Halloween gestört werden könnte.

Lösungen 3/9

Vier Tage für die Toten

M10 Allerheiligen – Gedenktag für die Heiligen der katholischen Kirche, S. 33

1. Heilige werden in der katholischen Kirche als Vorbilder verehrt. Sie sind durch ihren Lebenswandel, ihren unerschütterlichen Glauben oder durch besonders gute Taten aufgefallen und sind heute Vorbilder für die Gläubigen. Viele Heilige sind früher gefoltert worden und einen Märtyrertod gestorben, weil sie zu ihrem Glauben standen und ihn nicht verleugneten. Dafür wurden sie verehrt und später heiliggesprochen.

2.

M	E	R	T	F	E	R	T	S	X	**B**	**A**	**R**	**B**	**A**	**R**	**A**	R	A	I
E	**M**	B	E	R	T	Z	U	S	D	A	R	T	G	H	J	U	Z	T	R
D	E	**A**	H	E	R	T	Z	G	V	C	S	C	H	J	G	T	R	**F**	I
A	R	I	**R**	I	C	H	K	L	O	I	Z	R	H	A	R	T	Z	**L**	N
K	A	N	N	**T**	E	O	K	U	T	E	D	S	T	A	E	N	U	**O**	D
F	E	R	D	H	**I**	N	A	D	E	R	T	Z	S	C	H	E	R	**R**	T
K	S	S	T	E	R	**N**	I	K	D	E	G	E	R	F	H	U	R	**I**	G
G	E	N	F	S	A	**I**	S	E	R	T	Z	U	I	**M**	**A**	**R**	**I**	**A**	I
L	Ö	G	H	R	E	**K**	D	E	R	T	N	O	T	R	D	E	W	**N**	J
S	C	H	E	**G**	**E**	**O**	**R**	**G**	H	E	R	A	V	V	B	N	M	K	L
K	L	I	Z	T	R	**L**	T	I	I	M	H	G	F	R	T	Z	U	I	O
W	S	C	H	E	U	**A**	D	E	R	T	Z	U	I	O	P	K	H	G	F
P	F	H	U	J	G	U	G	U	N	D	**V**	**A**	**L**	**E**	**N**	**T**	**I**	**N**	H
E	R	R	N	A	S	**S**	A	N	F	R	E	D	A	H	T	D	E	R	T
I	S	I	A	H	U	T	N	B	V	D	E	**B**	Ä	R	E	S	T	A	L
K	I	S	O	N	A	D	S	**H**	**I**	**L**	**D**	**E**	**G**	**A**	**R**	**D**	E	R	T
F	A	T	E	R	Z	**A**	S	R	A	S	R	**N**	R	T	Z	S	C	H	R
H	U	O	G	U	U	T	H	N	U	J	H	E	R	T	Z	I	O	P	Ü
D	E	P	O	K	J	N	G	K	A	T	A	**D**	I	N	E	A	E	S	E
L	E	**H**	O	N	A	F	G	H	G	B	N	I	**S**	**I**	**D**	**O**	**R**	I	H
L	A	**O**	F	E	R	D	A	B	D	E	R	K	**K**	I	O	P	Ö	B	F
B	E	R	N	F	U	I	P	K	J	H	F	**T**	T	Z	U	I	O	P	Ü
B	U	U	T	F	D	E	R	N	S	P	A	**N**	I	E	N	F	D	E	H
D	S	**S**	T	E	P	J	K	U	T	E	S	C	B	G	T	R	D	S	H

M15 Volkstrauertag – Gedenktag für die Opfer von Krieg und Gewaltherrschaft, S. 39

Das Bild zeigt einen Soldatenfriedhof. Der Volkstrauertag (und auch Soldatenfriedhöfe) sollen an die Toten der Kriege erinnern und gleichzeitig durch dieses Gedenken mahnen, damit kein neuer Krieg oder keine neue Gewaltherrschaft entsteht.

Buß- und Bettag

M16 Büßen heißt „Umkehren", S. 40

1. a) Es handelt sich um Ausschnitte aus einem Bibeltext.
   b) Die Textstelle ist Jon 3, 5-8.
   c) Der Prophet Jona wurde von Gott in die Stadt Ninive geschickt, um dort deren Untergang vorherzusagen. Die Menschen von Ninive glaubten seinen Prophezeiungen und riefen ein Fasten aus, um Gott gnädig zu stimmen und den Untergang von der Stadt abzuwenden. Als Gott sah, wie ernst es die Bewohner von Ninive meinten, rückte er von seinem Entschluss ab und verschonte die Stadt und ihre Bewohner.
   d) Buße ist in der religiösen Bedeutung des Wortes die Umkehr des Menschen zu Gott, von dem sich der Mensch durch eine begangene Sünde abgewandt hat. Buße setzt das Erkennen der eigenen Schuld voraus.

M18 Geschichte des Gedenktages, S. 42

1. In der Römerzeit wurden den Göttern in Notzeiten Bußopfer gebracht, um diese gnädig zu stimmen. Dies wiederholten die Menschen des ausgehenden Mittelalters und der Neuzeit, um mit ihren Gebeten, dem Bekennen der eigenen Schuld und der Umkehr zu Gott auch dessen Beistand in einer Notsituation zu erbitten (Mittelalter) oder durch eine Änderung des eigenen Verhaltens eine Verbesserung der Situation des Menschen, z.B. im Bereich Umweltschutz, zu erreichen.

Sankt Martin

Das Teilen des Mantels, S. 44 (M 20)

1. Es geschah an einem Wintertag.
   Martin ritt durch das Stadttor der Stadt
   Amiens, da begegnete ihm ein alter,
   frierender Bettler.
   Der war nackt, und niemand hatte ihm ein
   Almosen gegeben.
   Da verstand Martin:
   Diesem Bettler sollte er helfen.
   Und er zog sein Schwert aus der Scheide
   und teilte seinen dicken Soldatenmantel
   in zwei Teile.
   Die eine Hälfte gab er dem frierenden
   Mann, die andere Hälfte legte er sich selbst
   wieder um.
   In der folgenden Nacht erschien ihm Jesus
   Christus, der mit dem Stück des Mantels
   gekleidet war, das er dem armen Bettler
   gegeben hatte.
   Und Christus sprach zu den Engeln, die um
   ihn herum standen:
   Martin hat mich mit diesem Kleid gekleidet.

Andere Legenden aus Martins Leben, S. 45 (M 21)

A	B	E	D	S	A	S	T	**T**	O	U	R	S	C	H
N	E	R	G	T	Z	**L**	K	M	Ä	S	E	R	**G**	B
B	**R**	**A**	**U**	**C**	**H**	**E**	H	A	F	E	R	G	Ä	D
I	Ü	S	P	A	R	**G**	E	R	G	A	V	H	N	E
S	C	H	Ü	G	E	**E**	**R**	T	Ä	L	L	Ö	S	R
C	D	E	R	T	Z	**N**	H	**I**	**N**	**S**	**E**	F	E	T
H	I	L	F	D	A	D	B	N	E	**G**	**Ä**	**N**	**S**	**E**
O	Ü	**U**	C	H	T	E	E	S	J	Ü	M	T	T	G
F	I	**N**	N	G	E	R	W	**G**	Ö	C	H	T	**A**	E
S	A	L	E	**W**	A	L	I	A	S	P	A	T	L	R
A	B	W	R	T	**Ü**	**G**	**E**	**N**	**D**	Ä	E	T	L	Z
M	Ä	N	S	A	G	**R**	**R**	**S**	C	H	A	R	W	H
T	I	B	E	Ä	S	R	**D**	**D**	E	R	B	H	U	C
D	O	Ü	R	C	E	I	M	**I**	D	E R	T	J	H
E	R	S	T	Z	U	L	O	P	**G**	A	N	F	E	I

Martin und die Gänse

Eine **Legende** berichtet, dass Martin im Jahr 371 in der Stadt **Tours** von den Einwohnern zum Bischof ernannt werden sollte. Martin, der sich des Amtes **unwürdig** empfand, habe sich in einem **Gänsestall** versteckt. Die aufgeregt schnatternden Gänse verrieten aber seine Anwesenheit, und er musste das **Bischofsamt** annehmen.

Davon leitet sich der heutige **Brauch** des Essens einer **Martinsgans** ab.

Advent

Advent – das ist typisch! S. 47 (M 23)

1. a) Der **Adventskranz** geht auf Johann Heinrich Wichern zurück, der im 19. Jahrhundert im Advent jeden Abend während einer Andacht eine weitere Kerze an einem Holzreifen entzündete. Später schmückte man diesen Lichterkranz mit immergrünen Zweigen von Tannen oder Misteln, die als Symbol des Lebens während der Adventszeit galten und traditionell, z.B. als Türschmuck, in dieser Jahreszeit genutzt wurden. Der Adventskranz soll das Erscheinen des Lichts der Welt und als ein Symbol für das Leben angesehen werden.
   Vorläufer der heutigen **Weihnachtsmärkte** sind bereits aus dem 17. Jahrhundert überliefert. Allerdings lassen sich Jahrmärkte um die Kirchen in der Weihnachtszeit schon seit dem 13. Jahrhundert nachweisen. Ursprünglich dienten sie dazu, die Bevölkerung mit notwendigen Artikeln zur Weihnachtszeit zu versorgen, später kam dann noch der Weihnachtsschmuck als Verkaufsartikel hinzu.
   Der **Adventskalender** beginnt mit seiner Zählung mit dem 1. Dezember. Er entstand erst im 20. Jahrhundert, um den Kindern die Wartezeit bis Weihnachten mit Kleinigkeiten, die jeden Tag neu entdeckt werden, zu erleichtern. Er soll die Vorfreude und die Spannung auf die Weihnachtstage aufrechterhalten.

Lösungen 5/9

Advent – was ist das? S. 48

1. a) Früher konzentrierten sich die Christen in der Adventszeit ganz auf die bevorstehende Ankunft von Jesus Christus. Es sollte eine Zeit der Stille, der Vorfreude und des Nachdenkens sein. Daher wurde in der Adventszeit auch gefastet, weil man annahm, dass ein freiwilliger Verzicht befreiend und reinigend wirkt.

   b) **Adventskalender:** Er dient dem Abzählen der Tage bis zum Weihnachtsfest und beginnt mit seiner Zählung am 1. Dezember. Er entstand erst im 20. Jahrhundert, um den Kindern die Wartezeit bis Weihnachten mit Kleinigkeiten, die es jeden Tag gab, zu erleichtern.
   Adventsbacken: Das Backen mit z.T. üppigen Zutaten sollte die Bedeutung des Weihnachtsfestes unterstreichen. Dazu wurden auch sakrale Figuren genommen, die „nachgebacken" wurden, so sollte der Christstollen an das gewickelte Christuskind erinnern.
   Adventskranz: Der Adventskranz ist eine Erfindung des 19. Jahrhunderts. Er sollte mit seinen Lichtern an die Bedeutung von Jesus Christus („Ich bin das Licht der Welt!" Joh 8, 12) erinnern.
   Weihnachtsmärkte: Weihnachtsmärkte sind Verkaufsmärkte, die ursprünglich oft um die Kirchen herum aufgebaut wurden, um den Kirchenbesuchern Waren der Weihnachtszeit zu verkaufen.
   Adventssingen: Das gemeinsame Singen von Weihnachts- und Adventsliedern unterstreicht die festliche und erwartungsfrohe Stimmung in den Wochen des Advents.

   d) Die Adventszeit sollte eine Zeit der Einkehr und der Stille, der Vorfreude und der Erwartung sein. Nach dem Ewigkeitssonntag (Totensonntag) bereitet man sich in den nächsten vier Wochen auf Weihnachten vor. Doch viele Menschen, z.B. auch viele Einzelhändler, wollen diese Zeit der Vorbereitung ausnutzen und die Weihnachtswaren sehr viel länger zum Verkauf anbieten und so daran verdienen. So kann man z.B. bereits im frühen Herbst Adventskalender und Lebkuchen kaufen oder sieht bereits im November weihnachtlich geschmückte Häuser und Straßen.

Nikolaus

Nikolaus und Knecht Ruprecht – auch ein Heiliger hat Helfer, S. 50

1. Knecht Ruprecht soll das Christkind bei dessen Besuchen bei den Kindern unterstützen. Er soll mit Nüssen und Mandelkern belohnen oder mit der Rute strafen.

Heiligabend

Der Heilige Abend – und ein besonderer Mann, S. 53

Über Josef wird ausführlicher in Mt 1, 18-25 berichtet und weniger ausführlich in Lk 1, 26-27 und Lk 2, 1-7.

Mt 1, 18-25: Maria und Josef waren verlobt, wahrscheinlich wie üblich durch Absprache der Eltern. (Die eigentliche Ehe begann mit dem Akt der Heimholung der Braut durch den Bräutigam, dort durfte auch erst der erste sexuelle Kontakt der Verlobten stattfinden.) Eine voreheliche Schwangerschaft war eine Schande, und wenn der künftige Ehemann nicht der Vater war, so war dies ein Vergehen, das mit dem Tod bestraft wurde. Josef hätte seine schwangere Verlobte öffentlich anklagen können, aber er wollte sie schützen und sie verlassen, sodass es aussah, als habe er sie schwanger im Stich gelassen. Hier schickte Gott Josef im Traum einen Engel, der ihn

auffordert, Maria zu sich zu nehmen, das Kind aufzuziehen und zu erziehen, denn dieses Kind sei durch den Heiligen Geist gezeugt und werde das Volk von seinen Sünden retten, so wie es im Jesaja-Text angekündigt ist. Josef gehorchte und holte Maria in sein Haus. Damit erkannte er offiziell die Vaterschaft an und wurde zum gesetzlichen Vormund des Kindes.

Lk 1, 26-27 und Lk 2, 1-7: Maria und Josef, ein Nachfahre aus dem Hause Davids, waren erst verlobt. Josef musste sich wegen einer Steuerschätzung nach Bethlehem begeben, wahrscheinlich weil er dort Grundbesitz hatte, und er nahm Maria auf diesem Weg mit. Josef nimmt die schwangere Maria in sein Haus auf, weil er den Ankündigungen des Engels glaubt und damit Gott gehorcht. Alles ist so eingetreten, wie es ihm im Traum vorhergesagt wurde.

Das Märchen vom Auszug aller „Ausländer", S. 54/55

Der Schluss-Satz im Original lautet:
„Wir bleiben", sagte Maria, „Wenn wir aus diesem Lande weggehen – wer will ihnen dann noch den Weg zurück zeigen, den Weg zurück zur Vernunft und zur Menschlichkeit?"
→ Dieser Satz verdeutlicht, warum Jesus Christus auf die Welt gekommen ist: Um für die Menschen da zu sein, ihnen den richtigen Weg zu zeigen und sie für die Botschaft Gottes zu gewinnen.

Silvester und Neujahr

Glück und Segen im Neuen Jahr, S. 60

1. a) Als mögliche Symbole könnten die Schüler nennen:

Marienkäfer:
soll vor Krankheiten schützen

Schornsteinfeger:
soll das Haus vor einem Brand schützen

Kleeblatt:
soll grundsätzlich vor Bösem schützen

Hufeisen:
soll Haus, Hof, Stall u.a. schützen

Glücksschweinchen:
soll Reichtum und Fruchtbarkeit verbreiten

Glückspfennig (-cent):
soll Reichtum verbreiten

4. Unter dem Segensspruch „urbi et orbi" (aus dem Lateinischen: „der Stadt und dem Erdkreis") versteht man einen Segen des Papstes, den dieser zu Ostern und zu Weihnachten in feierlicher Form erteilt und in vielen verschiedenen Sprachen spendet. Für jeden, der diesen Segen live erlebt, ihn im Radio hört oder im Fernsehen sieht, und der guten Willens ist, wird mit dem Segen ein Sündenablass erteilt.

Heilige Drei Könige

Wie die Heiligen Drei Könige nach Köln kamen, S. 64

2. Erfunden oder fabelhaft erscheinen folgende Elemente:
   - Aufbewahren solch heiliger Reliquien in einem kleinen Kloster
   - geheimer Handel der Oberin des Klosters mit dem Reichskanzler des Kaisers
   - Rettung des Bürgermeisters durch das Hinaustragen auf den Schultern der Schwester (diese Art der Rettung ist aber auch in der Legende der „Treuen Weiber von Weinsberg" aus dem Jahr 1140 bekannt)
   - heimlicher Abtransport der Reliquien nach Köln

Lösungen 7/9

M40 Die Entwicklung der Legende, S. 65

3. Jh.: Die Zahl der weisen Besucher wurde ausgehend von der Anzahl der Geschenke festgelegt.

8. Jh.: Die Namen wurden hinzugefügt. Der Titel „König" wurde an die Männer vergeben.

12. Jh.: Die drei Männer wurden den drei Generationen (Jugendlicher, älterer Mann, Greis) zugeordnet.

13. Jh.: Der jüngste König wurde zum ersten Mal als Farbiger dargestellt.

M42 Geheimnisvolle Zeichen, S. 67

1. Möglichkeit

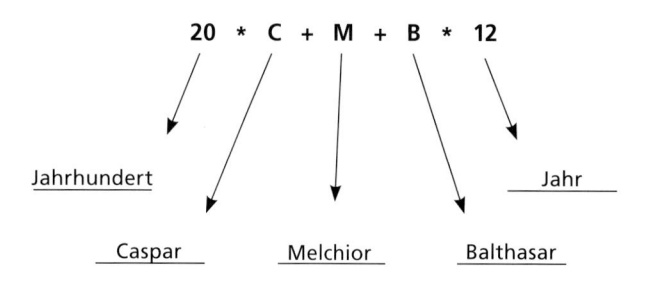

20 * C + M + B * 12

- 20 → Jahrhundert
- C → Caspar
- M → Melchior
- B → Balthasar
- 12 → Jahr

2. Möglichkeit

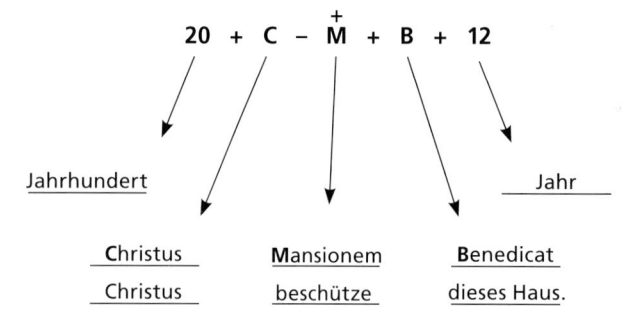

20 + C − $\overset{+}{M}$ + B + 12

- 20 → Jahrhundert
- C → Christus / Christus
- M → Mansionem / beschütze
- B → Benedicat / dieses Haus.
- 12 → Jahr

Gemeinsame Festmotive in aller Welt

M47 – M51 Die Lichterfeste in der Welt, S. 73–77

Religionen	Name des Lichterfestes	Ablauf des Festes/ traditionelle Handlungen	Ursprung des Festes
Judentum	Chanukka	In der Familie wird mit gemeinsamem Essen und dem Anzünden des Chanukkaleuchters, bei dem jeden Tag eine weitere Kerze entzündet wird, das mehrtägige Fest gefeiert.	Chanukka erinnert an die Wiedereinweihung des Tempels in Jerusalem nach dem großen Makkabäer-Aufstand.
Christentum	Lucia-Fest	In Skandinavien weckt die älteste mit einem Lichterkranz bekleidete Tochter die Familienmitglieder und verteilt das Frühstück oder Süßes.	Das Lucia-Fest erinnert wahrscheinlich an die italienische Märtyrerin Lucia, die verfolgte Christen in den Katakomben mit Lebensmitteln versorgte.
Hinduismus	Divali	Über mehrere Tage besucht man sich und beschenkt sich mit Süßigkeiten. Wichtig ist das Schmücken der Häuser, Straßen, Wege, Bäume und der Geschäfte mit Lichtern, die je nach Festtag unterschiedliche Bedeutungen haben.	Divali erinnert an die Rückkehr des Gottes Rama, seiner Frau Sita und seinem Bruder Lakshamana nach 14-jährigem Exil.
Buddhismus	Loi Krathong	Kleine Blütenschiffchen werden mit Lichtern geschmückt in den abendlichen Fluss gesetzt, oder beleuchtete Heißluftballons fliegen.	Beim Loi Krathong werden Blütenschiffchen gebastelt, die die Sorgen, Nöte, Ärger und Streit mit sich nehmen sollen und so ein neues Leben ohne Verunreinigungen der Seele möglich machen.

Kirchenfeste rund um Weihnachten

Lösungen 8/9

M52 – M56 Die Neujahrsfeste in der Welt, S. 78–82

Religionen/ Länder	Name des Neujahrsfestes	Ablauf des Festes/ traditionelle Handlungen	Ursprung des Festes
China	Chunjié	Das Fest dauert 15 Tage, und man besucht sich gegenseitig, besonders im Familienkreis. Die Häuser werden gereinigt, und die Kinder mit meist roten Geldumschlägen beschenkt. Es gibt große Feuerwerke, und mit der glücksbringenden Farbe Rot wird überall dekoriert.	Unterschiedliche Legenden sind Ursprung des Festes: Ein Löwe erschien dem Kaiser im Traum und wurde als dem Kaiser ebenbürtig angesehen. Zu seinen Ehren wurde der Löwentanz entwickelt. Eine andere Legende berichtet von einem menschenfressenden Ungeheuer, das mit roter Farbe und Lärm vertrieben wurde.
Japan	Oshugatsu	Viele Traditionen sind durch das Alter des Festes entstanden: Es werden traditionelle Speisen bereitet, Neujahrskarten verschickt, die Kinder mit Geldumschlägen beschenkt, die Tempel geschmückt und besucht. Die Glocken des Tempels werden 108-mal geschlagen. Und die Geschäftsleute versuchen, die Geschäfte im alten Jahr abzuschließen, damit sie einen guten Neustart haben.	Der Ursprung liegt hunderte Jahre zurück.
Judentum	Rosch-ha-Schana	Zu Beginn des Festes werden symbolisch an einem Fluss die Taschen der Kleidung geleert und die Kleider ausgeschüttelt, damit alle Sünden abfallen. In der Synagoge wird das Schofar, ein Widderhorn, geblasen, um das Gewissen der Menschen zu wecken.	Rosch-ha-Schana ist der erste Tag des Jom-Kippur-Festes, dem Versöhnungsfest.
Iran	Nouruz	Es werden traditionell sieben verschiedene Speisen bereitet, die z.T. auch aus nur sieben Zutaten bestehen. Am Mittwochabend werden Feuer entzündet, um die die jungen Männer tanzen.	Nouruz erinnert bei den Kurden an die Unterwerfung des Tyrannen Zohak durch eine von dem Schmied Kaveh angeführte Gruppe Iraner. Ein großer Teil der arabischen Welt feiert mit Nouruz einen Neubeginn und einen Neustart.

Lernzielkontrollen

M57 Die Feste und Gedenktage des Weihnachtskreises, S. 83

1. Tours
2. Soldat
3. Bischof
4. In Myra in der heutigen Türkei
5. Allerheiligen, Allerseelen, Totensonntag und Volkstrauertag
6. Lateinisch = Ankunft
7. Adventszeit: vier Wochen vor dem Weihnachtsfest
8. Entweder Christus mansionem benedicat = Christus schütze dieses Haus, eingerahmt vom entsprechenden Jahr oder Anfangsbuchstaben der Vornamen der Heiligen Drei Könige (Caspar, Melchior, Balthasar), eingerahmt vom entsprechenden Jahr
9. Aus der Asche der verbrannten Buchsbaum- oder Palmwedel des Palmsonntags des Vorjahres

Lösungen 9/9

"Der große Preis" der Feste und Gedenktage des Weihnachtskreises, S. 84–86

Lösungen zu S. 85:

Orte	Personen	Legenden	Symbole	A – Z
20 in der Stadt Tours in Frankreich	**20** Jack O'Lantern	**20** um Heilige	**20** Nikolaus von Myra	**20** die Ankunft (lateinisch)
40 in einem Kloster	**40** Caspar, Melchior und Balthasar	**40** der heilige Martin (Sankt Martin)	**40** Feld- und Gartenfrüchte	**40** Die letzten vier Wochen vor dem Weihnachtsfest
60 in Bethlehem	**60** Josef	**60** im Kölner Dom	**60** Sie sollen im neuen Jahr Glück bringen.	**60** den Indianern
80 in einer Gaststätte	**80** Silvester	**80** Jesus Christus	**80** einen Bischofsstab	**80** Thanksgiving Day

Lösungen zu S. 86:

Orte	Personen	Legenden	Symbole	A – Z
20 auf dem Friedhof	**20** Lucia	**20** Das sind Namen des Begleiters des Nikolaus.	**20** der Buß- und Bettag	**20** sieben Wochen ohne
40 in Myra	**40** Magier	**40** Martin und der Bettler	**40** der Adventskalender	**40** der Volkstrauertag
60 auf dem Altar der Kirche	**60** Ein Bettler	**60** Knecht Ruprecht	**60** Schornsteinfeger, Schweinchen, Kleeblatt, Hufeisen, Marienkäfer …	**60** Ein Stück glühende Kohle, das Jack in eine ausgehöhlte Rübe legte
80 Wittenberg	**80** die Soldaten der vergangenen Weltkriege	**80** das Zubereiten und Essen der Martinsgans	**80** der Adventskranz	**80** der Buß- und Bettag

Kirchenfeste rund um Weihnachten

Literatur- und Internettipps

Literaturtipps

Kaiser, Stefan:
Feste feiern im Kirchen- und Familienjahr.
Basteln, malen, bauen und kleben
mit 6- bis 12-Jährigen.
Born-Verlag, 2010.
ISBN 978-3-87092-489-8

Mendl, Hans:
Religion erleben. Ein Arbeitsbuch für den Religionsunterricht.
Kösel, 2008.
ISBN 978-3-466-36811-2

Rendle, Ludwig (Hrsg.):
Ganzheitliche Methoden im Religionsunterricht.
Kösel, 2007.
ISBN 978-3-466-36754-2

Sigg, Stephan:
Katholisch – Protestantisch.
Was ist der Unterschied?
Verlag an der Ruhr, 2006.
ISBN 978-3-8346-0138-4

Sigg, Stephan:
Feste feiern im Kirchenjahr.
Entstehung, Bedeutung und Brauchtum
kreativ erarbeiten.
Auer, 2008.
ISBN 978-3-403-04921-0

Thömmes, Arthur:
Spiele zur Unterrichtsgestaltung.
Religion und Ethik.
Verlag an der Ruhr, 2009.
ISBN 978-3-8346-0598-6

Internettipps

www.blinde-kuh.de/weihnachten/
Spezielle Seiten der ersten deutschsprachigen Suchmaschine für Kinder, gefördert vom Bundesministerium für Familie, Senioren, Frauen und Jugend. Informationen, Spiele, Lieder, Geschichten und Basteltipps zum Thema Weihnachten. Auch das muslimische Zuckerfest und das jüdische Lichterfest werden erklärt.

www.daskirchenjahr.de
Auf dieser Seite gibt es umfassende Informationen zum Kirchenjahr.

www.ekd.de/advent_dezember/startseite.html
Auf dieser Seite der evangelischen Kirche sind Informationen sowie Lieder, Materialien und Rezepte speziell zum Thema Advent zusammengestellt.

www.feste-der-religionen.de
Hier geht es um die Festtage der verschiedenen Religionen; inklusive eines interkulturellen Festkalenders.

www.festjahr.de
Eine Seite rund um die Kirchenfeste.

www.heiligenlexikon.de
Eine Seite mit vielen Informationen über die Heiligen.

www.jahresfeste.com
Hier gibt es verschiedenste Anregungen rund um die Feste im Jahreskreis.

www.kidsweb.de/religionen_spezial/christentum/christentum.html
Informative sowie kindgerecht aufbereitete Seite mit vielen Links zu Schlagwörtern verschiedener kirchlicher Feste und Traditionen. Außerdem gibt es Erklärungen zu den verschiedenen Traditionen, Feiertagen und Symbolen sowie eine Vielfalt an Spielen und Bastelideen. Auch der Kirchenkreis (für Kinder) steht als Kopiervorlage zum Download bereit.

www.kigo-tipps.de/html/weihnach.htm
Außergewöhnliche Unterrichtsideen, Bilder und Rätsel zum Weihnachtsfest für Schule und Kindergottesdienst.

www.kirche-entdecken.de/
Seite der Evangelischen Kirche für Kinder im Grundschulalter, aber auch noch für die Klassen 5 und 6 geeignet. Die Kinder gehen selbst in einer virtuellen Kirche auf Entdeckungsreise und erfahren auf diese Weise viel über die Symbolik im Kirchenraum und verschiedene Kirchenfeste.

www.religioeses-brauchtum.de
Hier gibt es Informationen über die religiösen Feste sowie die dazugehörigen Brauchtümer.

Die in diesem Werk angegebenen Internetadressen haben wir geprüft (Stand September 2011). Da sich Internetadressen und deren Inhalte schnell verändern können, ist nicht auszuschließen, dass unter einer Adresse inzwischen ein ganz anderer Inhalt angeboten wird. Wir können daher für die angegebenen Internetseiten keine Verantwortung übernehmen.

Bildnachweise

Seite 24
a) Quelle: wikimedia.org
© Andreas Praefcke
b) © ArTo – Fotolia.com
c) © MoniP – Fotolia.com
d) Quelle: wikipedia.org
© Fewskulchor
e) © Arthur Braunstein – Fotolia.com
f) © l-pics – Fotolia.com
g) © DeVIce – Fotolia.com
h) Quelle: wikimedia.org
© Oxh973
i) Quelle: wikimedia.org
© Andreas Praefcke
j) © Jenson – Fotolia.com

Seite 25
Quelle: wikipedia.org
© Veit Feger

Seite 26
© l-pics – Fotolia.com

Seite 27
Quelle: wikipedia.org

Seite 29
Quelle: wikimedia.org

Seite 30
© Jenson – Fotolia.com

Seite 31
© Otto Wenninger/PIXELIO

Seite 34
Quelle: wikipedia.org

Seite 36
Quelle: wikimedia.org
© Joymaster

Seite 37
© wrw/PIXELIO

Seite 38
Quelle: wikimedia.org
© Martin H.

Seite 39
Quelle: wikimedia.org
© Owenusa

Seite 40
Quelle: wikimedia.org
© Dsmdgold

Seite 41
© Rainer Sturm/PIXELIO

Seite 43
Quelle: wikimedia.org
© Andreas Praefcke

Seite 46
© Dieter Schütz /PIXELIO

Seite 47
© Reinhold Einsiedler – Fotolia.com
© Thommy-Weiss/PIXELIO
© siepmanH/PIXELIO

Seite 49
Quelle: wikimedia.org

Seite 53
Quelle: wikimedia.org

Seite 61
Quelle: wikimedia.org
© RicciSpeziari

Seite 64
Quelle: wikimedia.org
© Raymond

Seite 65
Quelle: wikimedia.org
© Mac

Seite 66
Quelle: wikimedia.org
© Christoph Rückert

Seite 68
Quelle: wikimedia.org
© Oxh973

Seite 69
Quelle: www.7wochenohne.evangelisch.de/17.php

Seite 70
© Bruder Paulus

Seite 74
© chrisandre/PIXELIO

Seite 75
Quelle: wikimedia.org
© DouglasGreen

Seite 76
Quelle: wikipedia.org
© Fredrik Magnusson

Seite 77
Quelle: wikimedia.org
© Tevaprapas

Seite 79
Quelle: wikimedia.org
© Lennart.Larsen

Seite 80
Quelle: wikimedia.org
© Skin-

Seite 81
Quelle: wikimedia.org
© Aung

Seite 82
oben: Quelle: wikimedia.org
© Hanbalvan
unten: Quelle: wikimedia.org
© Zereshk

Verlag an der Ruhr

Keiner darf zurückbleiben

Informationen und Beispielseiten unter
www.verlagruhr.de

Zivilcourage können alle!
Zivilcourage können alle!
Ab 12 J., 152 S., A4, Pb.
ISBN 978-3-8346-0813-0
Best.-Nr. 60813
19,80 € (D)/20,40 € (A)/33,10 CHF

Gewaltprävention für Jugendliche
Ein Trainingskurs für Schule und Jugendarbeit
13–6 J., 66 S., 16 x 23 cm, Pb.,
ISBN 978-3-8346-0595-5
Best.-Nr. 60595
11,80 € (D)/12,20 € (A)/20,30 CHF

Jungen/Mädchen können alles!
Ein Trainingskurs zur Identitätsfindung
11–16 J., 120 S., 10 x 16 cm, Pb.
ISBN 978-3-8346-0811-6
Best.-Nr. 60811
16,80 € (D)/17,30 € (A)/28,40 CHF

Eine Klasse – ein Team!
Methoden zum kooperativen Lernen
Für alle Schulstufen, 120 S.,
16 x 23 cm, Pb.
ISBN 978-3-8346-0594-8
Best.-Nr. 60594
12,80 € (D)/13,20 € (A)/22,- CHF

Schnelles Eingreifen bei Mobbing
Strategien für die Praxis
Für alle Schulstufen, 128 S., 16 x 23 cm, Pb.
ISBN 978-3-8346-0450-7
Best.-Nr. 60450
14,80 € (D)/15,30 € (A)/25,50 CHF

Mit Schülerkonflikten richtig umgehen
Tipps für Lehrer in kritischen Situationen
Für alle Schulstufen, 148 S.,
16 x 23 cm, Pb.
ISBN 978-3-8346-0753-9
Best.-Nr. 60753
18,90 € (D)/19,50 € (A)/31,90 CHF

Wenn Sanktionen nötig werden: Schulstrafen
Warum, wann und wie?
Kl. 5–13, 157 S., 16 x 23 cm, Pb.
ISBN 978-3-8346-0324-1
Best.-Nr. 60324
17,80 € (D)/18,30 € (A)/30,10 CHF

Wie Sie Ihre Pappenheimer im Griff haben
Verhaltensmanagement in der Klasse
Für alle Schulstufen, 296 S., 16 x 23 cm, Pb.
ISBN 978-3-8346-0756-0
Best.-Nr. 60756
21,80 € (D)/22,50 € (A)/36,40 CHF

Ich – Du – Wir alle!
33 Spiele für soziales Kompetenztraining
10–15 J., 88 S., 16 x 23 cm, Pb.
ISBN 978-3-8346-0569-6
Best.-Nr. 60569
12,80 € (D)/13,20 € (A)/22,- CHF

Tolerant! Engagiert! Selbstbewusst!
80 Arbeitsblätter für soziales Lernen
Kl. 5–8, 114 S., A4, Pb.
ISBN 978-3-8346-0571-9
Best.-Nr. 60571
19,80 € (D)/20,40 € (A)/33,10 CHF

Schüler werden Pausenhelfer
Ein Konzept für die Mittagsfreizeit in der Ganztagsschule
A Kl. 8, 144 S., 16 x 23 cm, Pb.
ISBN 978-3-8346-0814-7
Best.-Nr. 60814
16,80 € (D)/17,30 € (A)/28,40 CHF

Unterrichtsvorbereitung
Strategien, Tipps und Praxishilfen
Für alle Schulstufen, 175 S., 16 x 23 cm, Pb.
ISBN 978-3-8346-0667-9
Best.-Nr. 60667
17,80 € (D)/18,30 € (A)/30,10 CHF

Verlag an der Ruhr

Keiner darf zurückbleiben

Informationen und Beispielseiten unter
www.verlagruhr.de

So stimmt es mit der Stimme
Übungen zur Sprech- und Stimmbildung für Lehrer
Für alle Schulstufen, 112 S., 16 x 23 cm, Pb.
ISBN 978-3-8346-0763-8
Best.-Nr. 60763
15,90 € (D)/16,40 € (A)/26,90 CHF

Souverän, selbstbewusst und erfolgreich Lehrer sein
Strategien, Übungen und Praxishilfen
Für alle Schulstufen, 144 S., 16 x 23 cm, Pb.
ISBN 978-3-8346-0764-5
Best.-Nr. 60764
17,90 € (D)/18,40 € (A)/30,30 CHF

Alle(s) in Bewegung
Spiel- und Sportangebote für die Ganztagsschule
Für alle Schulstufen, 112 S., A4, Pb.
ISBN 978-3-8346-0757-7
Best.-Nr. 60757
19,80 € (D)/20,40 € (A)/33,10 CHF

Fitness-Spiele für Kinder und Jugendliche
60 Ideen für Sportunterricht und Freizeit
8–18 J., 84 S., A4, Spiralb.
ISBN 978-3-8346-0568-9
Best.-Nr. 60568
19,50 € (D)/20,10 € (A)/32,60 CHF

Cool down!
Entspannungs- und Konzentrationsübungen im Schulalltag
Kl. 5–13, 135 S., 16 x 23 cm, Pb.
ISBN 978-3-8346-0661-7
Best.-Nr. 60661
16,80 € (D)/17,30 € (A)/28,40 CHF

Wie soll ich mich entscheiden?
Dilemmageschichten mit Arbeitsanregungen für Jugendliche
10–16 J., 96 S., A4, Pb.
ISBN 978-3-8346-0511-5
Best.-Nr. 60511
19,50 € (D)/20,10 € (A)/32,60 CHF

Spiele zur Unterrichtsgestaltung
Religion und Ethik
Kl. 5–13, 150 S., 16 x 23 cm, Pb.
ISBN 978-3-8346-0598-6
Best.-Nr. 60598
16,80 € (D)/17,30 € (A)/28,40 CHF

Geschichte im Längsschnitt
Kindheit und Jugend im Wandel der Jahrhunderte
Kl. 7–10, 48 S., A4, Heft, farbig, mit CD-ROM
ISBN 978-3-8346-0801-7
Best.-Nr. 60801
24,90 € (D)/25,60 € (A)/41,60 CHF

Spiele zur Unterrichtsgestaltung
Geschichte
Kl. 5–13, 104 S., A4, Pb.
ISBN 978-3-8346-0800-0
Best.-Nr. 60800
18,90 € (D)/19,50 € (A)/31,90 CHF

Wie global bist du?
Infos, Arbeitsblätter, Diskussionsanregungen zur Globalisierung
14–19 J., 128 S., A4, Pb.
ISBN 978-3-8346-0831-4
Best.-Nr. 60831
21,90 € (D)/22,60 € (A)/36,60 CHF

„Die Judenschublade – Junge Juden in Deutschland"
Ein Dokumentarfilm mit Arbeitsmaterialien
14–19 J., 120 S., A4, Pb., zweifarbig, mit DVD
ISBN 978-3-8346-0815-4
Best.-Nr. 60815
34,90 € (D)/35,90 € (A)/54,80 CHF

Terrorismus – zwischen Bedrohung und Panikmache
Materialien für Jugendliche
14–19 J., 128 S., A4, Pb.
ISBN 978-3-8346-0832-1
Best.-Nr. 60832
21,90 € (D)/22,60 € (A)/36,60 CHF